渋谷 要
SHIBUYA Kaname

「共同主観性」の哲学と人間生態系の思想

廣松哲学ノート

社会評論社

廣松哲学ノート　「共同主観性」の哲学と人間生態系の思想＊目次

序章●廣松哲学と対話することの意味 9

第一部　廣松哲学のプロブレマティーク（問題構制）

第一章●疎外論批判 21
はじめに…21
疎外論の意義…23
「疎外」概念の確認…25
疎外概念と人間の存在論的了解…30
『経済学・哲学草稿』の疎外論…32
「記述概念」としての「疎外」概念…34
価値の歴史比較主義的概念としての「疎外」――「疎外」概念の限界…36
〈疎外→回復〉図式の恣意性…38
疎外からの回復と神の自覚との同位性…42
ヘーゲル「精神現象学」が意味しているもの…44
廣松による疎外論批判と「自己否定」の論理…46

第二章●「四肢構造」論と共同主観性 49
主客二元論（反映論）とアトミズムの機制…49
レーニンの素朴実在論と主客二元論…52
マッハの要素主義…54
〈etwas mehr の論理〉＝四肢構造論…56

「現相的所与」の無意味性と意味の契機…58
〈所与〉以上のあるもの（所識）としての「所与―所識」成態
――例「骨・皮・肉」（所与）だけでは「イケメン」（所識）とはいわない…60
〈地―図〉の分節態と「所与」の位置づけ…64
「所与―所識」「能知―能識」の構制――認識の与件をめぐる問題…67
共同現存在としての共同主観性…70
「内共同体的同一性」と「正義」…72
社会的〈価値〉のサンクションによる教育…73
役割・役柄の形成・分掌過程とその意味…75

第三章●物象化論の機制

物象化の定義…79
「物象化」とは何でないか…80
「当事者の日常的意識」と「学知的反省」の立場…84
共同主観的形象としての規範的拘束性…86
物象化の全体像と役割理論…88
分業の自然発生的状態…89
社会的諸関係の物象化と四肢構造…90
「役割――舞台」と四肢構造…94
まとめ①フュア・エス―フュア・ウンス機制と「物象」としての用在態…98
まとめ②「実在態」と「意義態」は「用在態」として現前する…100
物象化を対自化し役割分業の機制をこえてゆく方途として…103

第二部 「ロシア・マルクス主義」批判と生態系の思想

第四章●ロシア・マルクス主義の法則実在論と実体主義的科学観

相対論・量子論に学び、関係主義へ

第一節 実体主義か、関係主義か

レーニンの「絶対的真理論」と素朴実在論…109
古典力学の自然観を克服したマッハの先進性——広重徹の分析…113
マクスウェルからアインシュタインへ…117

第二節 法則実在論批判

ミーチンの機械論的因果論とマッハ・廣松の法則理解…124
物象化としての「法則」について…126
「法則の客観的実在性」という形而上学…128
因果律的な「歴史法則」なるものの成立機序…130
物象化された法則観に対する「生態学的モデル」とは何か…134
多価函数的決定論と形而上学的決定論との違い…138

第三節 相対論・量子論に学ぶ

ニュートン古典力学への批判とマッハの時間・空間論…141
アインシュタイン相対性理論における観測結果の相対性…145
量子力学—ハイゼンベルクの「不確定性関係」…148
一義一価的決定論を否定した確率論的決定の考え方…152
ミーチンによるレーニン哲学の神学化…155

第四節　古典的科学主義の「唯一の前衛」幻想
政敵抹殺の言説…159
スターリニストの「唯一の前衛」の論理…160
一党独裁を基礎づけた「物質の哲学」…162
神学図式の「前衛―大衆」理論…164
スターリニスト哲学の陥穽…167

第五章●環境破壊〈近代〉の超克にむけて

第一節　人間生態系とは何か
人間生態系の形成…171
人間生態系の遷移…175
自然的・社会的環境と〈表象的環境〉…179
第二節　いわゆる「マルクス主義」とエコロジズム
廣松のマルクス〈改釈〉と「人間と自然の一体化」論…182
生産力主義（物質主義）に彩られたスターリンの〈生産〉概念…185
ソ連生産力主義のイデオロギー性…192
自然生態の改造＝生産力主義の破産…194
チェルノブイリ・クライシス…197
エンゲルスの法則実在論…198
第三節　廣松哲学と環境破壊〈近代〉の超克
「近代産業社会と生態学的制約の忘失」…202

「生態学的危機とエントロピーの収支」…204
原発の生態学的マイナス価値…205
「人間生態系」概念の「人間中心主義」的限界と「土地倫理」という考え方
――「生態学的モデル」との相関として…207
人間生態系の価値規範に準拠した未来社会論…211
【補論】国有化・計画経済の破産（無理）について
マルクスの「国有化・中央計画経済」概念否定に関する廣松の説明…215
国有化・計画経済の破産（無理）とロシア・マルクス主義…218
第六章● 「第三次世界戦争」の時代と「協同のネットワーク」について――227
ＡＴＴＡＣフランスの声明…227
「非対称的戦争」…232
策源・根拠地および作戦線について…234
日米軍事同盟の変遷…237
「富裕層」の支配と「経済的徴兵制」…239
「戦争反対」の論理――「協同のネットワーク」について…242
あとがき…245

序章●——廣松哲学と対話することの意味

本書『廣松哲学ノート——「共同主観性」の哲学と人間生態系の思想』は、私が、二〇〇六〜二〇〇八年にかけて刊行した、『廣松哲学と主権の現象学』三部作（社会評論社）を引き継ぎ、そのコンテクストを活かしながら、二一世紀中期に向かおうとする時代の振幅の中で、新たに論じなおしたものである。先の三部作が、実践問題に対する廣松理論のロジックの適用・応援を、書き方としていたのに対し、今回は、第六章以外は、廣松哲学のロジックそれ自体の分析・解析が主要な書き方となっている。

本書で言う「共同主観性」とは、言語は社会的な意味をもって展開しているということである。幼児が犬を見て「モウモウ」と言っていたら、あれは「ワンワン」ですよと教えてあげるのが、社会的に形成された共同主観性を人は学びながら大人になるということにほかならない。そして、言語は、そうした意味がつらなって存在することで、まさに共同主観性として存立しているのである。その「共同主観性」という概念を糸口として、廣松哲学の諸論から学ぼうとするのが本書だ。

また、サブタイトルにある「人間生態系の思想」と題した意味は、廣松いうところの人間生態系、地球生態系の保護・防衛のために、それと間接して、現代の「世界戦争」状況にかかわる思想的諸問題を考えて行こうという意図をもつものにほかならない。

そういう問題意識から「廣松哲学」のノートを、作成したのが、本書ということになる。

まず、廣松渉とは、何者かからはじめよう。

思想家というのは、「時代の子」である。思想家には、その生きた時代の影がまとわりついている。いや、思想家は、自分が生きた時代を主体的に造るものとして、その時代の〈パラダイム〉（基本的なものの見方・考え方）に関わっている。

廣松渉（一九三三〜一九九四年）は「東京大学名誉教授」として他界したが（肺がんによる）、彼自身は、「自分は挫折した革命家」だと言っていた。彼が青年に成長した時代は、有名大学のエリートの中に、革命運動を志した人々が〈層〉として、大量に存在していた時代であった。しかもその大半が、マルクス主義者であった。今では、まったく考えられないことだ。

一九五〇年、朝鮮戦争の折、廣松は、福岡県立伝習館高校の高校生だったが、日本共産党（当時の「国際派」）・「青年共産同盟」のメンバーであり、朝鮮人民軍の南下に呼応して反米ビラ（九州反米独立臨時革命政府を樹立せよ、という内容のもの）を高校や、九州大学などでまき、高校を退学処分となった。確認しておくが彼がやったのは、いわば「朝鮮戦争反戦平和運動」ではなく、「朝鮮人民軍支援闘争」だったということである。廣松は「反米」「反欧米」であり、それは、廣松の「近代の超克」（近代世界的価値観からのパラダイム・チェンジ）という思いともつながっている。「アメリカ帝国主義打倒」のために、「朝鮮人民軍支援闘争」をおこしたというのが、まさに「時代の子」のなしたことだったのである。

当時は、一九四九年、革命に勝利したばかりの「人民中国」を大後方として、朝鮮労働党が南の軍事独裁と対峙し、ベトナム・インドシナ人民が、フランス帝国主義と対峙していた（アメリカのベトナム侵攻は、その後）。そして、日本がアメリカと軍事同盟をむすび、米日韓の三国の反共軍事体制を東アジアの反共資本主義勢力として形成するという、東西冷戦のアジア版が画期されていた。それは、ソ連・東欧圏スターリン主義体制とも異質なアジアの「民族―共産主義」勢力と反共資本主義との対決であった。その対決を大きな地図として、思想家は、右であれ左であれ、ものを考えなければならなかった。そういう時代の話である。本書第六章との関係でいうならば、二一世紀現代とは、まったく違う「世界」の話なのだ。

一九五〇年という時間点では、まだ、日本で新左翼運動も形成されていない時代のことであり、新左翼になる部分は、まだ、日本共産党や日本社会党内のいろいろな勢力としてあった時代だ。一九五六年、反スターリン主義のハンガリア革命以降、その形をなしてゆくことになる新左翼は、一九六〇年安保闘争の主力となった全学連を運営していたセクトである第一次ブント（共産主義者同盟）を例にとれば、日本共産党（国際派）→反戦学生同盟→社会主義学生同盟→共産主義者同盟という〈進化〉をおよそ一〇年の歳月をかけてたどることになる。

廣松は伝習館高校退学後、文部省の大学検定で受験資格を取得し、東京学芸大学に進学。さらに、一九五二年の全学連大会で、当時「旧・国際派」と対立していた「旧・所感派」――日本共産党は、短期ではあったが「国際派」と「所感派」に分裂していた――から、テロ・リンチをうけて消耗（「立命館事件」）。再起して東大に進学し、研究者としての人生をスタートさせた。社会運動としては、雑誌『情況』の創刊・発起人――二〇一六年八月現在も刊行されている――。また新左翼のブント（共産主義者同盟）系のグループを終生、応援し続けた（一九六〇年代後半の全共闘運動時は、名古屋大学助教授。弾圧に反対して辞職した）。

かかる廣松渉の生成した廣松哲学は「物象化論」というマルクス主義の独自の解釈＝「改釈」と、ハイデガーなどの現象学や、相対性理論、量子力学などの現代物理学の考え方を独自に組み合わせ、発展させた共同主観性の哲学＝「関係主義」にもとづくものである。その「物象化論」と共同主観性の哲学＝「関係主義」を駆使して目指す目的は、〈資本主義近代のパラダイム〉を〈超克〉することにある。この「近代の超克」の文脈は社会主義と環境主義（本書第五章であつかう。また廣松の『唯物史観と生態史観』の「附論　生態学的価値と社会変革の理念」を参照せよ）が中心となる。

これを一言で言えば、廣松哲学の構成要素は、〈共同主観性の理論（関係主義）・マルクス主義・「近代の超克」〉の三つに整理できる。この三つの中で、共同主観性の理論（関係主義）は、それらの基底部を構成するものに他ならない。

この基本的な〈学理〉としての体系知（ヴィッシェンシャフト）としての内容を知りたい方は、次の四冊の著作に当たられるとよいと思う。

というのも、この点は十分確認しておいてほしいのだが、本書は本論著者（渋谷）が論じたいテーマに沿った廣松理論のまとめにすぎないからだ。

　これは私の理解ということになるが、〈共同主観性の理論（関係主義）〉を中心として廣松哲学をまとめたものとして熊野純彦編『廣松渉哲学論集』（平凡社、二〇〇九年）、そして日山紀彦『廣松思想の地平　「事的世界観」を読み解く』（御茶の水書房、二〇一六年）があげられる。そして〈マルクス主義〉を中心として廣松哲学をまとめたものとして小林昌人編・廣松渉著『マルクスと哲学を語る　単行本未収録講演集』（河合文化教育研究所、二〇一〇年）、〈近代の超克〉を中心として廣松哲学をまとめたものとして小林敏明著『廣松渉――近代の超克』（講談社学術文庫、二〇一五年）の四冊がある。

　この場合、本論著者としては、これら三つの構成要素は、以下の対立軸（この三つが対立しているのではない）を形成しながら展開してきたと、考えるものである。

　第四章などにあきらかにしているように〈関係主義〉と対立しているのは「実体主義」である。共同主観性の理論（関係主義）とは「人間とは、社会的諸関係のアンサンブルである」というマルクスの「フォイエルバッハに関するテーゼ」を導きの糸とし、この社会において、実体視されている〈あるもの〉は、自存的に生成したものなど一つもなく、社会的諸関係の〈一項〉として生成し・現象している関係性の産物であり、それを、自存的な実体として錯視しているだけである、この錯視している、諸関係の一項を実体化（物象化という）して、自存的に成立しているものと錯認する考え方を実体主義と規定するという立場だ。

　例えば、〈一項〉たる「個人」を自存化して考えるのが〈アトミズム〉（個人主義）であり、社会をまるごと自存化して捉えるのが〈全体主義〉だということになる。ナチスなどファシズムの「国家共同体主義」も、かかる国家を実体主義的に捉えたものということになる。

また〈マルクス主義〉と対立しているのは、「資本主義」であるが、〈如何に〉対立するのかをめぐっては、次のような対立軸がある。〈マルクス主義〉と対立しているのは、「ロシア・マルクス主義」（廣松派の学的潮流の中には、これは、対立していないという論者も多数存在する。対立しているのは「スターリン主義」であり「レーニン主義」が対立しているのではないという論者も存在するだろう）や「疎外論」「疎外革命論」（これは、廣松派では、一致していると推察する。本書第一章参照）である。

そして〈近代の超克〉と対立しているのは「資本主義」と「国有化・計画経済」型の社会主義（この社会主義の定義や理解の仕方をめぐっては、廣松派でも諸説に分かれるだろう）を包括した「近代世界」であり、そこにおける「物《もの》的世界観」として概念化できる価値観の超克というのが著者の理解である。

本論著者は、マルクス主義者であるが、マルクス主義哲学は廣松哲学を旨とし、他の「マルクス主義哲学」の見解は、マルクス主義哲学と〈認めてもしようがないもの〉（他の諸説に対しては「対話」はする）という狭隘な立場をとる者である。

換言すれば、廣松哲学が存在して、はじめて私（渋谷）は「マルクス主義者」であることが可能となっているのである。

それが本書第一章と第三章であきらかにした、「疎外論・疎外革命論」と永遠に対立関係にある「物象化論・物象化革命論」の立場に他ならない。私の立場から言うと、疎外革命論は、ミーチン・スターリン哲学の硬直した機械論的因果論・法則実在主義などのタダモノ主義に対してはヒューマニズムを宣揚することを契機とし、歴史に対する人間の能動的主体性を宣揚する、そこにプラスの価値があるのだが、それらは第一章に展開したように、「人間解放」を表明する「急進民主主義」であって、『経済学・哲学草稿』などの初期マルクスに依拠し、マルクスと初期エンゲルスの『ドイツ・イデオロギー』に淵源する、物象化論的方法とは距離をとるものにほかならない。「疎外論」は、普遍的な理想の人間が、資本主義によって疎外されているという理想論でしかない。理想の人間などあるわけがなく、それを担保しようとすれば、「絶対の真理」を会得した「前衛党」が、その人間なるものを表明していると措定する以外ない。「プロレタリア的人間」へと自己変革せよというわけである。そういう「前衛党」〈前衛主義〉が、前衛独裁や内ゲバ主義を結果したのが、二〇世紀の共産主義の歴史であった。

私の考えでは、「疎外論者」ではないが、本書第四章や第五章にあるように、前衛主義者であったソ連共産党国家の崩壊も、その典型である。その源流は、スターリン体制より前の時期、レーニンが〈プラスの価値〉〈前衛党の労働者階級に対する全面的意思統一の体系の形成。だがこれ自体「一者（一党）独裁」であり、これでは党派前衛主義者の独裁でしかない〉と考えて形成したボリシェビキ官僚主義国家に淵源するのである。そのボリシェビキ官僚主義を土台としてスターリン主義の前衛独裁が形成されたのだ（拙著『エコロジスト・ルージュ宣言』第六章「ボリシェビキ革命の省察」参照）。

私が知る限り、廣松はそこまで、レーニンを批判したことはなかったが、私としては、そのように考えるものである。

以上のような廣松哲学の歴史的身体性をふまえたうえで、本書では、以下のような対話・応接をおこなった。

第一章疎外論批判は、先にみた通りである。第二章「『四肢構造』論と共同主観性」と第三章「物象化論の機制」では、廣松哲学の〈基礎の基礎〉である考え方を廣松の論述の援用によって紹介した。

例えば第二章においてはかれの認識論の基本的な構図をなす「四肢構造」論の論脈を、主客二元論批判→「として機制」→「意味的所識」の考え方→「所与―所識」成態→「能知―能識」成態→共同主観性→役柄役割理論→正義→サンクション→用在的世界の四肢構造という順番で紹介している。第三章の「物象化の機制」では、物象化論の目的、構制、課題を紹介している。

以上が、廣松哲学の基本だ。

第四章「ロシア・マルクス主義の法則実在論と実体主義的科学観――相対論・量子論に学び、関係主義へ」では、実体主義としての、「法則実在論」の機制を批判する。このニュートン古典力学に淵源する機械論的因果論にすぎない「法則実在論」こそが、ロシア・マルクス主義（レーニン主義、スターリン主義）の機械論的因果論・絶対的真理論の中心にあるものだ。つまり、前衛主義＝前衛独裁の中心にある思想だ。それを、根底的に批判したものである。

第四章につづく第五章「環境破壊〈近代〉の超克にむけて」では、その戦争が破壊するものが人間生態系―地球生態系そのものであること、かかる人間生態系を近代資本主義と核文明の戦争と環境破壊から守らなければならないということだ。そのためには、近代の「金縁」的社会関係に根差した、エントロピー（廃物・廃熱）収支での地球環境負荷を問題としなければならないということを、人間生態系の概念的定義から説き起こしている。

なお、本書では、「近代の超克」という問題のうち、西田哲学の「京都学派」に関し、廣松が応接した分野は、対象としなかった。この問題については拙著では、以下を参照してほしい。

○「『近代の超克』論と反体制思想――三木清『東亜協同体論』の陥穽」（『前衛の蹉跌　不自由について』所収、実践社、二〇〇〇年）。

○「京都学派の資本主義批判――『日本帝国主義はそのままに（批判せず）』帝国主義を欧米独自のシステムとして実体化」（『国家とマルチチュード――廣松哲学と主権の現象学』所収、社会評論社、二〇〇六年）。

○「近代生産力主義と京都学派・鈴木成高の近代批判――廣松渉の『近代の超克』論への言及を視軸にして」（『エコロジスト・ルージュ宣言――続・世界資本主義と共同体』所収、社会評論社、二〇一五年）。

以上の三論文である。その他にもあるが、煩雑になることをさけるため、代表的なものにとどめる。

また、第六章「『第三次世界戦争』の時代と『協同のネットワーク』について」は、本書の背景となっている現代世界の趨勢を概観するものだ。その戦争により人間・地球生態系が破壊されている。現在の日本を含む欧米列強と、ＩＳをはじめとするイスラム過激派との「世界戦争」――著者としては、この戦争から「第三次世界戦争」は開始されているという認識だ――に対して、欧米列強〈対〉イスラム過激派という戦争当事者間の「非対称性」ということを中心に、かかる戦争を如何に考えてゆくかを考察している。

また、廣松渉の国家論の分野に関しては拙著『エコロジスト・ルージュ宣言』第一章、『国家とマルチチュード――廣松哲学と主権の現象学』第二章などを参照してほしい。これらは、廣松の国家論をまさに国家論として論じたものである。

まずは第一部で、廣松哲学の基礎の〈一端〉を確認していただければ幸いである。

第一部

廣松哲学のプロブレマティーク（問題構制）

第一章●──疎外論批判

●──はじめに

疎外論の問題に入る前に、廣松の仕事の概観を系譜として整理し、その中で「疎外論（批判）」、「四肢構造論」「共同主観性論」、「物象化論」を位置づける見取図をしめすことにしよう。

だが廣松の何をどうよむか、それを解説するのは、たいへんなことだ。だから、読書案内の手法で、文献の読書順番を書くという方法で、整理することにしよう。ただし、ここでの整理は、これから展開する論述のためにすることであり、何か、「あるべき」廣松の読み方などではないことは、確認しておきたいと思う。

また以下の図書は、ほとんどが、岩波書店から出ている『廣松渉著作集』に収録されている。

①〈入門三冊〉……『唯物史観の原像』（三一新書）、『哲学入門一歩前』（講談社現代新書）、『新

哲学入門』（岩波新書）（ここに、『もの・こと・ことば』（勁草書房）、『哲学体系への新視軸』（情況出版）などがはいるが、細かくすることが目的ではないので、ここまでとする）。

この中で、「四肢構造論」「共同主観性論」は、とりわけ『新哲学入門』の主要な文脈をなす。

②〈さらに理解を深めるために〉……『マルクス主義の成立過程』（至誠堂選書）、『唯物史観と国家論』（講談社学術文庫）、『唯物史観と生態史観』（同）、『現代革命論への模索』（新泉社）、『今こそマルクスを読み返す』（講談社現代新書）、『マルクスと歴史の現実』（平凡社）（ここに、『エンゲルス論』（ちくま学芸文庫）、『青年マルクス論』（平凡社ライブラリー）、『マルクス主義の理路』（勁草書房）、『マルクス主義の地平』（講談社学術文庫）、『資本論の哲学』（平凡社ライブラリー）などが、入るが、それは、興味の範囲で）。

この中で、『現代革命論への模索』に、廣松の疎外革命論の論調の軸をなす「『疎外革命論の超克に向けて」が収録されている。

③〈廣松のパラダイムを読み解く〉……『相対性理論の哲学』（勁草書房）、『弁証法の論理』（青土社）、『物象化論の構図』（岩波書店）、『〈近代の超克〉論』（講談社学術文庫）、『ヘーゲルそしてマルクス』（青土社）。

この中で、『物象化論の構図』を中心に疎外論から「物象化論」へという問題意識のもとに、「物象化論」に関する討究が、重要課題として、論究されている。

④〈中心命題〉……『世界の共同主観的存在構造』（講談社学術文庫）、『事的世界観への前哨』（ち

くま学芸文庫）、主著『存在と意味』（岩波書店）。

この中で、「四肢構造論」、「物象化論」は、これらの論述をなす、基軸中の基軸を形成している。「疎外論（批判）」は、これらの論理の一つの前提としてあるものだ。


以上が、廣松哲学とその系譜における、本書での「疎外論（批判）」、「四肢構造論」「共同主観性論」、「物象化論」概念の位置づけということになる。

なお、上記中、『哲学入門一歩前』、『相対性理論の哲学』、『事的世界観への前哨』などでの科学哲学の課題は、本書では主要には第四章で展開している。

もっとも以上の論述は、本書における「物象化」、「四肢構造」などの概念について、その位置づけを示しやすいと著者（渋谷）が考えた見取り図をつくったまでのことであり、もっと、適切な系譜の整理の方法、論述の方法が、いくつもあるだろうと、推察するものである。

以下、疎外論批判の本題に入ることにしよう。

●――疎外論の意義

廣松のマルクス主義論は物象化論を基底とするものであるが、それは、疎外論の批判をつうじて定立したものであった。

本論は、初期マルクスの思想と疎外論が果たしてきたプロレタリア解放の闘いへの寄与を評価するものである。スターリン主義の客観主義的・機械論的唯物論に対してマルクーゼらが『経済学・哲学草稿』を復権した、その革命論的な意義を私は高く評価する。とりわけ疎外論が「人間」と「自然」を二元論的に切り離すスターリン主義を批判し、「人間主義＝自然主義」というマルクスの唯物論のモチーフを復権した意義は大きい。

廣松も次のように、述べている。

「旧来のマルクス主義左翼が、ともすれば資本主義体制の自動崩壊を待望するかのごとき傾向をもち、大衆の意識性を重視する場合でさえ、大衆の意識は一個の客体として『外部注入されるべき対象の形式において捉えられ、主体的活動性、自覚性としては捉えられていなかった』のに対して、論者たち（疎外論の論者――引用者・渋谷）は革命の主体としての大衆の自覚的参与という問題をあらためて提出する。この意味で、歴史とその発展、わけても革命における〝主体の役割〟を再評価したこと」（「『疎外革命論』の超克に向けて」、廣松渉著作集第一四巻、岩波書店、四〇四頁）などとして、その歴史的位置性に言及している。

それらの評価を充分ふまえたうえで疎外論と物象化論との関係をめぐり本書において必要と考えられる案件について、言及していきたい。なお物象化論それ自体については第三章を参照してほしい。

●──「疎外」概念の確認

廣松が一九八〇年に刊行された『現代マルクス＝レーニン主義辞典』（社会思想社）に書いた「疎外論」という項目を廣松渉著作集に転載した、「疎外概念小史」という短文がある（この文章は、廣松の『ヘーゲルそしてマルクス』（青土社、一九九一年）に付録として収録されたものでもある）が、ここではまず、その抜き書きのノートをつくったので、それにより、「疎外」という概念を確認することにしよう。

「疎外（Entfremdung）という語は、外化（Entäußerung）という語とも同様に、……〈他者化〉を意味する語のドイツ語訳に淵源するものであって、中世ドイツ語にもすでに存在し、ルター訳の聖書にも用例が見られる。この語は、或る者が他者になることを本義とし、他者的な在り方をしている状態をも意味しうる。……哲学の分野で疎外論を初めて展開したのはフィヒテ（J. G. Fichte, 1762-1814）であると言われる。しかし、彼はEntäußerungという語を用いている。フィヒテは処女作《あらゆる啓示の批判の試み》（一七九二）のなかで、神とか神的理念とか称されるものは実はわれわれ人間の〈内なるもの〉の〈外化〉にすぎないことを喝破し、さながら、フォイエルバッハの宗教批判の先鞭をつけたのであった。……フィヒテは、その後……まさに外化の論理を用いて、絶対的自我が自己を外化するという仕方で非我（客体的世界）を定立する旨を説く。フィヒテのこの外化論が、神的な絶対精神（ないし絶対理念）の自己外化によって自然界が成立する旨を説くヘーゲル哲学の発想と構図にとって直接的な先駆をなしている、ということは見易いところである」。

「ヘーゲルがEntäußerungという語をはじめて用いたのは、いわゆる《イエナ実在哲学》においてであり、それはさしあたり労働論の文脈であらわれる。……彼がEntäußerungという語を用い始めたのは、〈労働は彼岸的な自己物化である（……）〉という把握と相即的にであって、ヘーゲルはこの〈彼岸的自己物化〉を〈外化〉と言い換える。（そして――引用者）……労働＝外化論を彼岸的な自己物化論に推及する形で絶対精神という実体＝主体の自己外化と自己獲得の論理構制を探りうるに至ったのである。

ヘーゲルはこの絶対的主体の自己外化と自己回復の論理を弁証法ともリンクさせ、《精神現象学》およびそれ以後の体系を展開する。……ヘーゲル哲学の体系が、絶対精神の自己疎外と自己獲得という構図――父なる神の受肉、そのことによる子なる神イエス・キリストの現成、十字架上の死・復活・昇天による子なる神と父なる神との聖霊なる神における宥和的再統一、この神学的教義を哲学的に捉え返した構図――に支えられていることは明らかである。……真の主体＝実体とされるものは絶対精神であり、その限りでは人間の有限的精神は無限的精神の他在化した一定在にすぎないにしても、人間ないしその意識や精神もそれなりの次元での主体として定位されており……この有限的な意識・精神の自己外化と自己回復との螺旋的行程が論述される。精神現象学は有限的意識が自己を順次に高めて行き絶対的精神へと統一する歴程の叙述と言うこともでき、精神哲学は有限的精神が自己を回復的に高めて行き絶対的精神に帰入する過程の叙事と言うこともできる。この歴程において精神が自己を高める機制は、構図化していえば、意識が対象として見いだす定在が意識自身の活動によって生成したもの、意識の疎外態にほかならないことを確認し、そのことにおいてその次元での主客対立を止揚することに懸っている」。

だがしかし「彼は個別から出発して普遍の形成を説こうと努めながら、難関に直面すると、個別がもともと普遍を内蔵していたことを論拠にしてしまう。この論件先取は、ヘーゲルが自己外化・自己回復の主体を究極的には絶対精神に擬していたことと相即するものであり、ヘーゲル疎外論を継承的に展開するためには当の主体概念の捉え返しを要する所以となる」(「疎外概念小史」、廣松渉著作集第七巻、二三七〜二四二頁)。

「ヘーゲル哲学の場合、絶対精神の自己外化はイエス・キリストという人格における一回起的な事件としては扱われておらず、いわば汎神論的に一般化されており、被造物はすべていわば絶対精神の化体である。……ヘーゲルは宗教哲学の論脈では、人間が神を意識するということは神が人間において自己を意識することだと明言しているし、そもそも有限精神が絶対精神へと帰入しうるのはもともと人間(有限精神)が神の外化だからである。……有限精神(人間)と絶対精神(神)とは別々に存在するはずはなく、人間という具体者はその本質的性格においては神という普遍者を宿しているものと了解される」(同、二四二頁)。

ヘーゲルを経て〈ヘーゲル左派〉の疎外論では、神と人間の位置関係が逆転する。

「フォイエルバッハは、神が自己を外化して人間になったというキリスト教神学やヘーゲル哲学とは逆に、初期フィヒテと同様、人間が自己の本質を疎外して神を定立するのだと説く。こうして今や自己疎外・自己獲得の主体＝実体が神ではなく人間であるとされるようになった。ここでは、神を絶対的な存在として信仰することこそが人間の自己疎外であり、そのような神的定在の対象性を止揚することが人間的本質の自己獲得であるとされる。

ヘーゲル左派は、フィヒテ＝フォイエルバッハの外化論に拠る宗教批判、すなわち、人間にとって外在的で威力ある存在として表象される神的存在とはそのじつ人間の本質の自己疎外態にほかならないという指摘の論理構制を、政治・経済・社会の場面に推及した。

政治権力ひいては国家なるものは……人々の日常的意識においては、さながら超越的・神的な威力であるかのように感じられるにせよ、それは諸個人が内にもつ力が外化されて自立的な定在の相で表象されたものにすぎない。ヘーゲル左派は、ヘーゲルによってすでに克服されたルソー流の契約論を採るわけではなく、……別の論脈で国家＝疎外態論を説くことになった次第である」（同、二四三頁）。

「ヘーゲル左派の殿将ともいうべきマックス・シュティルナーに至ると、神や国家や社会のみならず、フォイエルバッハの言う〈人間〉、――すなわち、その〈類的本質〉の疎外によって〈神〉的な疎外態が現成すると称される当の主体＝実体たる〈人間〉――もまた真正の人間たる実存的個体の疎外態にほかならないと断ぜられるまでに及んだ」（同、二四四頁）。

ここからさらに、初期マルクスの疎外論のポイントをおさえておこう。

「初期マルクスは、ヘーゲル左派の一員として、疎外論の論理構制による宗教批判・政治批判・社会批判の流れにまずは積極的に棹差したのであった」（「棹差す」は、「抵抗する」と勘違いしている人がいるが、『広辞苑』（岩波書店）では、「棹を水底につきさして、船を進める。転じて、時流に乗る。また、時流に逆らう意に誤用することがある」とある――引用者)。

「疎外論の論理を旧来の社会体制にたいする社会主義的批判と結合すること、および、旧来の社会体制にたいする経済学的批判に疎外論を援用することが課題となりつつあった。この課題に正面から応え、しかも人類史を人間の自己疎外と自己回復の過程として捉える新しい歴史哲学的な視座を構える形になったもの、それがマルクスのパリ手稿(《経済学・哲学手稿》)である」。

「私有財産とは人間の本質力の疎外態であり、この疎外態からの自己回復の運動として社会主義・共産主義が存立する。《経済学・哲学手稿》でのマルクスは労働価値説を採っているわけではないが、言うなれば投下労働価値説を労働主体の自己物化・外化という論理構制のもとに〈ヘーゲル左派〉流に捉え返したかたちになっており、そのことによって、また労働価値説に定位した体制批判と社会主義・共産主義の運動理念とを一種独特の仕方でリンクさせるかたちになっている。……その後、しかし、一八四五~四七年の遺稿《ドイツ・イデオロギー》に見られるように、マルクス(およびエンゲルス)はヘーゲル左派流の疎外論を批判・自己批判する」(本論では、この内容は、後述する)。

そして廣松は後期マルクスにおいては、「〈疎外〉という語をキー・コンセプトとしては用いなくなったこと、また、後期の彼らが私有財産制の成立を疎外論で説いたり、共産主義運動の理念を獲得論で権利づけたりはしなくなったこと、ここまでは確かであるが、しかし、彼らが果たして疎外論の論理構制そのものを退けるにいたったのかどうか、この点に関しては論者たちのあいだで解釈が分かれる。それは、いわゆる〈主体―客体の弁証法〉の去就、疎外論と物象化論との関係、等々、マルクス解釈上の重大な諸論点と絡んでおり、それはまた初期マルクスと後期マルクスとの連続説と断絶説との対立などを派生させる理由となっている」（同、二四五〜二四六頁）とのべている。そういうことを経緯とした、廣松の疎外論批判ということになる。

●——疎外概念と人間の存在論的了解

マルクスの疎外概念を検討する場合、初期マルクスによって人間的本質とされる類的共同性の概念をまずおさえておく必要がある。

「したがって人間は、たとえ彼がどれほど特殊な個人であるにせよ、——そしてまさに彼の特殊性が彼を個人とし、そして現実的な個体的共同存在とするとしても——同じ程度にまた彼は思惟され感受された社会そのものの総体性、観念的総体性、主観的な現存であり、同様にまた現実においても、彼は社会的現存の直観や現実的享受として、ならびに人間的な生命の発現の総体として現存するのである」（マルクス『経済学・哲学草稿』、城塚登・田中吉六訳、岩波文庫、一三五頁）と。

ハイデガーは人間を共同現存在だと表現したが、この初期マルクスの言説は、「フォイエルバッハに関するテーゼ」などでマルクスが、人間とは「社会的諸関係のアンサンブルである」と規定したのと基本的に同じ内容である。

人間は共同主観性のもとに生きている。このことは、初期、後期をつらぬくマルクスの一貫した視座であり、マルクスが、もともとのはじめからブルジョア・アトミズムと対決し、近代の個人主

郵　便　は　が　き

料金受取人払

本郷局承認

8184

差出有効期間
2016年11月29日
まで

有効期間をすぎた
場合は、52円切手
を貼って下さい。

113-8790

（受取人）

東京都文京区
本郷2-3-10

社会評論社　行

ご氏名

（　　　）歳

ご住所

TEL.

◇購入申込書◇　■お近くの書店にご注文下さるか、弊社に送付下さい。
本状が到着次第送本致します。

（書名）　¥　（　）部

（書名）　¥　（　）部

（書名）　¥　（　）部

●今回の購入書籍名

●本著をどこで知りましたか

□(　　　　　)書店　□(　　　　　)新聞　□(　　　　　)雑誌

□インターネット　□口コミ　□その他(　　　　　　　　　　)

●この本の感想をお聞かせ下さい

上記のご意見を小社ホームページに掲載してよろしいですか?

□はい　□いいえ　□匿名なら可

●弊社で他に購入された書籍を教えて下さい

●最近読んでおもしろかった本は何ですか

●どんな出版を希望ですか(著者・テーマ)

●ご職業または学校名

義を相対化した座標系にいたことがわかる。

そういう観点から疎外というものをとらえるならば、マルクスが、人間の類的共同性が解体され資本家的商品経済社会によって、人々の関係の基軸が商品所有者の交換関係として形成されていることを根拠に、アトム化されている、その止揚、人間の共同体的連帯の実現ということを、「私有財産の積極的止揚としての共産主義」と考えていった道筋は理解できるだろう。

いずれにせよ、初期マルクスにおいても、人間を「社会的動物」とし、ブルジョア・アトミズムを超克した地平にたっていることは、間違いないことである。

廣松渉は初期マルクスの『経済学・哲学草稿』におけるつぎのような一節を引用する。

「われわれが人間として生産した場合を想定しよう。その場合には、各人のおこなう生産において、自分自身ならびに他人を二重に肯定したことになるだろう。……僕の個性的な生命発現において、君の生命発現を直接的につくり出したのであり、こうして、僕の個体的な活動において僕の真の本質を、僕の人間的な本質を、僕の共同本質を直接的に確証し現実化したのだという喜びである」。

人間の対他的関係性における共同主体的なありようが、すでに初期マルクスにあっても、おさえられているということだ。

つづいて廣松はマルクスのこうした主張について、次のように説明する。

「初期マルクスにおけるこのような疎外論的な発想はやがて止揚されるが、しかしともあれマルクスの場合、共産主義的共同体というとき、『共同体が単なる労働の共同体たるにすぎず、……共同体が普遍的な資本家として支払う給料の平等たるにすぎない』域に止まることを厳しく斥ける点では終生一貫している」とのべている（『新左翼運動の射程』、ユニテ、四六〜四七頁）。

こうして廣松は初期マルクスにあっても、すでに共同体論的観点は保持しつつ、人間概念を論じていると言っていることはおさえておきたいと考える。それを前提した疎外論の検討ということになる。

●——『経済学・哲学草稿』の疎外論

そこで、マルクス疎外論の代表作、マルクスの『経済学・哲学草稿』における疎外の概念はどのように展開されているか。次にその論理を整理していこう。マルクスはつぎのように述べている（前掲、『経済学・哲学草稿』、九三〜九八頁）。

「われわれは、二つの側面から実践的な人間活動の疎外の行為、すなわち労働を考察してきた。(1)労働者にたいして力をもつ疎遠な対象としての労働生産物に対する労働者の関係」、これは資本制的生産のもとでは、労働者は資本の生産力として労働し、資本家の販売する商品を作り出す、労働者は自らも資本家に自分の労働力を販売する商品人間であるが、それは、自分たちが生み出したものであるにもかかわらず、自分たちでその労働生産物の運用を決定することができず、これと疎遠な関係におかれるということがおさえられる必要がある。

つまり「この関係は同時に、彼に敵対的に対立する疎遠な世界としての感性的外界ないし自然的諸対象にたいする関係である」ということだ。ここでは資本主義的私的所有を媒介として、社会的諸関係、人間の対自然的関係が展開していることがおさえられるべきである。私的所有の力、経済的力によって労働生産物を所有する力が決定されるのだから、私的所有、蓄財力をめぐり諸個人は対立する。とりわけ生産手段の私的所有の立場が奪われている労働者は自分のつくった労働生産物が、資本の所有となるゆえに、疎遠な関係におかれるということだ。

「(2)労働の内部における生産行為に対する労働の関係。この関係は、労働者に属していない疎遠な活動としての彼自身の活動にたいする労働者の関係である」。労働者は自分の意思決定とはならない労働生産物を生産することで、生存を保障されている。その生産過程では、資本が彼を一つの生産力として使役する。「生産行為」というものに労働者が使用されるのである。そういう「自己疎外」におちいっているということだ。

つまり以上のような二つの疎外をつうじて、「疎外された労働」は、「人間の生命活動を、疎外することによって、それは人間から類を疎外する」、そのことをつうじて、「人間にとって類生活を個人生活の手段とならせるのである」。

まさに疎外された労働は、類的生活それ自身を否定する。個人の蓄財の手段に、疎外され形骸化した類的共同性(対他関係)を利用するという関係にはいるのである。

まさにマルクスは労働の第三の疎外として「疎外された労働は……人間の類的存在を、すなわち、自然をも人間の精神的な類的能力をも、彼にとって疎遠な本質とし、彼の個人生存の手段としてしまう」と批判する。つまり人間個人の利己的な欲求のために類的共同的な生活を利用するのだと。他者を自分の欲求のために利用するということである。

こうしてマルクスは以上の三つの疎外、つまり「人間が彼の労働の生産物から、彼の生命活動から、彼の類的存在から、疎外されている、ということから生ずる直接の帰結」として、第四の疎外としての「人間からの人間の疎外」を規定する。

「一般に、人間の類的存在が人間から疎外されているという命題は、ある人間が他の人間から、またこれらの各人が人間的本質から疎外されているということを、意味している」。つまり「疎外された労働という関係のなかでは、どの人間も、彼自身が労働者としておかれている尺度や関係にしたがって、他人を見るのである」と。

つまり共同体的連帯（類的関係性）が疎外されているわけだから、人々はブルジョア・アトミズム的に競争し他人との距離を計るということになる以外ないのである。

こうしたマルクスの展開は資本家的生産が、資本の本源的蓄積（生産者の生産諸条件の所有からの分離、それによる、土地への従属からの自由と生産手段からの自由という「二重の自由」のもとにあるプロレタリア階級の産出）ということを前提とするのである。

現代においてもかかる、疎外は進行しているといわねばならない。現実の多様な労働現場では労働者間が分断され、共同体的な連帯（類的な関係性）がまさに疎外されている。孤立した環境で権利を主張することは、大変なことだ。

廣松はそういう現実を記述する概念としては、疎外概念は肯定されてよいとのべている。「常識的な意味での自己疎外とマルクス主義とは、確かに無縁ではない。しかも例えば、労働者たちが『賃金奴隷』となっている状態、機械にこき使われているとでもいうべき状態、資本家たちが資本の自己運動の前に自らそれのカイライと化している状態、人々が人工の所産たる核兵器の恐怖におびえているような状態、等々、これら一連の現象を単に記述する概念として『自己疎外』という語が用いられるのであれば、それは言葉の節約として認容されうる」（「『疎外革命論』の超克に向けて」、前掲、廣松渉著作集第一四巻、四二二頁）と。

しかし疎外論は「説明概念」ではないというのが、廣松の疎外論批判の一つの趣旨なのだ。つまり廣松の「フユア・エス―フユア・ウンス」機制でいうならば、当事主体（フユア・エス）の現状、意識状況を記述した概念なら理解できるが、フユア・ウンス（学理的・われわれ）として考えれば、かかる疎外状況を作っている関係を解明することにはならないということだろう。

初期マルクスの疎外概念は廣松がいうように、「マルクスは人類史の全体を人間の自己疎外と回復の過程として捉え、共産主義を自己疎外の回復（その運動）として把握し、基礎づける」（同、四一三頁）という位相でもって捉えている。つまり〈人間の奪還、人間をかえせ！〉ということだろう。

だが、この初期マルクスの疎外革命論は、『ドイツ・イデオロギー』においてはつぎのように止揚されていた。

「『もはや分業のもとに下属されない諸個人を哲学者たちは「人間」の名のもとに理想として表象してきた。そして、われわれが以上展開してきた全歴史過程を、彼らは「人間」の発展過程として捉えた。その結果、従来の各歴史段階における個人に「人間」が押し込まれ〈それが自己疎外の主体とされることによって〉歴史の推進力として叙述された。かくて全過程は「人間」の自己疎外過程として捉えられたのであるが、このことたるや本質的には、後の歴史段階の平均的個人が前段階に押し込まれ、後代の意識が前代の個人に押し込まれたことに由来するのである』……この一文からして、第一に、人間の自己疎外を歴史的展開の原理とする発想がもはや超克されていること、第二に、『人間』の自己疎外過程といった転倒した表象が何故生ずるかの解明すら与えられていること、虚心な読者にとっては、これは余りにも明白であろう」（同、四一六頁）。

封建制からの解放を願うブルジョア革命があった。その革命は人間解放をめざしたが、できなかった。新たな疎外を生み出した、こんどはプロレタリア革命で人間奪還だと、疎外論はそういう心情的なフュア・エスな意識操作だということだ。

だから記述概念としては理解できるが、それでは何も学理的に解き明かしたことにはなっていない、ということなのである。

まさに「人間」〈なるもの〉とは、或る抑圧された状態からの解放を希求するとき、人間が意識する、あるべき状態とその時代において考えられている状態への願望を概念化したものということだ。普遍的な本質存在として、本然的人間〈なるもの〉などはありえないのである。そこで廣松は問う。

「なぜ上述のごとき一連の『疎外現象』を以って、人間の人間化とはいわず非人間化というのか? 非人間化、非本来的な状態、等々というとき、それは人間らしい人間、本来的な状態、何かしらそういったものと対比されている筈である。……しからば本然的・本来的人間とはいかなるものか。それはいつどこに実在したのか。それがもしかつて実在したことのない理想化的構想物だとするならば。一体どういう根拠でそれが人間本来の姿だと主張できるのか」(同、四二四頁)。まさに「それは平等でありたいという願望の物神化である。……理想として表象された仮構物にすぎない」(同、四二五頁)のであると。

さらに廣松の物象化論の立場からの疎外論批判の論理構成を概略しておこう。

「人は、なるほど、自分が〝社会悪〟〝悪しき社会状態〟と認定（価値評価）するあれこれの歴史的現実に着目して、例えば、(a)私有財産制がまだ発生しなかった歴史段階、(b)私有財産制という〝疎外〟が存在するようになった歴史段階、(c)この〝疎外〟が止揚され、私有財産制が存在しなくなる歴史段階、というような構図で、人類史を捉えることが一応はできよう。そして、このさい、(c)を(a)への頽落的復帰としてではなく、(a)の高次的回復とみなし、正反合の図式に押込むことも一応は許されるかもしれない。（人々は、旧くから、(a)パラダイス、(b)失楽園、(c)楽園への復帰、という構図で、歴史の過去と将来をさまざまに思い描いてきた！）。だが、人類は果たして過去において本当にパラダイス的状態にあったのか？　失楽園とされる(b)の状態でさえ、或る意味では(a)よりは〝ましな〟発展段階とみることも現に可能ではないか。論者たちは、招来されるべき理想的状態として、〝本来的〟な〝疎外されざる〟状態なるものを未来に表象し、この実現されるべき未来的状態を基準にして、現状を〝疎外された〟〝非本来的な〟状態であると告発的に規定し、この現状が頽落せる在り方であって不易的ではないことを揚言すべく、それ以前には〝疎外されざる〟〝本来的な〟状態が存在した旨を云々しているにすぎないのではないか？」（「物象化論の構図」、廣松渉著作集第一三巻、六〇頁）。

「なるほど、疎外・回復という想念は、ヘーゲルの場合、キリスト教における『神』→『人（化体)』→『神』という宗教的表象の構図に定位していたため、実体的主体の自己疎外と自己回復という過程は必当然的であるという思念を伴っていた。この思念的構図を前提とするかぎり、現状が疎外態であることを論定してみせさえすれば、おのずとその疎外態の自己止揚、つまり、本来態の回復が必当然的に措定される含意になっている。しかしながら、マルクスがヘーゲル学派の『思弁的構成の秘密』として暴露したのは、まさしく当の思念的構図の思弁性にほかならなかった。――『神』→『人』→『神』というキリスト教的な構図、ないしは一般化して、『本来の姿』→『変身による異貌化』→『回復による本然化』という変身譚の構図を前提するとき、……復身は必当然的であることが無論のこととされている。このかぎりで、疎外態だと指摘すれば、本来態と称されるものへの復帰が当然至極ということになり、殊更にその必然性ないし当為性を説述するまでもないかのように思念されてしまう。疎外論者たちが『疎外』態という概念で与件的状態を想定しただけで『回復』の必当然性が説述されたかのように思念するのは、ないしは、『疎外論』が説明的原理であるかのように思念するのは、この構制に由ってである」(同、六一～六二頁)。

まさに人間は、「本来の姿」であったことは一度としてなく、また、これからも永遠に「本来の姿」になることなどない。そういうのを、裏返った「神」の措定というのだ。「本来の姿」とは、いったいなんだ？　どういう状態だ？　論法としてそれを表明するだけであれば、まだいいだろう。だがしかし、そのことにもとづいて、その「本来」の状態の実現に向けて、社会運動体を展開しようとする場合、その「本来」の状態なるものを説明する必要があり、それを、体現する必要もある。だから、自分たちのことを「共産主義社会の萌芽形態としての前衛党」などと自称しなければならなくなるのである。

疎外論者たちの「価値判断とその基準はいかにして権利づけられるのか?」と廣松は問う。

「論者たちは、自己の願望ないし現状の否定を未来に投射し、その投射された〝あらまほしき〟(「そうあってほしい」の意――引用者)状態を基準にしているのが実情であって、詮ずるところ、自己の願望を〝客観的〟な〝当然の〟価値基準にしてしまっているのではないか? われわれは論者たちの願望には十分に謂われがあることを認めうるし、多くの場合、論者たちと同一の願望を抱く。そのかぎり、論者たちと価値判断を共有しないではない。がしかし、その価値判断が普遍妥当性・客観妥当性をもつかについて反省する段になると、われわれは単純に自己の価値判断を絶対化するわけにはいかない。当の価値判断は、階級的イデオロギー性、党派的イデオロギー性を帯びており、さしあたっては、たかだか、対立する相手側の階級イデオロギーとのあいだに二律背反的な対立措定を現出する次元のものであることが自覚される。……歴史的・社会的・階級的な相対性とそれの実践的自己実現による自己止揚が対自的に課題化される。――論者たちの謂う価値判断は、たかだか、二律背反的なイデオロギー的対立措定の域を出ない。……ここでは、『ドイツ・イデオロギー』(マルクス・エンゲルスの著作――引用者)に則して、次の点を指摘するにとどめよう。――マルクス・エンゲルスは、論者たちが価値基準とするたぐいの人間の〝本質〟とか、〝本来的な在り方〟とかは、決して不易の〝本質〟でも、アプリオリに定まった〝本来的な在り方〟なのでもなく、実際には、理想として構想された〝期待する人間像〟をイデオローギッシュに〝本質的〟〝本来的な在り方〟と思い込んだにすぎないこと、それは今後はじめて実現されるべき努力目標であり、この志向自体、一定の歴史的社会的存在に規定されたものであること、このことを自覚的に捉え返す。その見地に立って、彼らは、疎外論者たちを揶揄して言う。『哲学者は、汝らは人間ではない、とストレートには言わない。汝らはつねに人間であった。しかし、……しかし汝らは真の人間ではなかった。汝らの現象は汝らの本質に照応しなかった。汝らは人間であり且つ人間でなかった！』云々（MEW, Bd. 3.S.232）――『ドイツ・イデオロギー』においては、疎外論者の論理による〝事実的説明〟が説明になっていないばかりか、そこにこめられている〝価値的評価〟もまたそのまま追認するわけにはいかないことが自覚化されており、そこで、例えば次のように明言される。

『カール・グリューン氏は、（イ）〝人間〟が世界史の究極目標であり、（ロ）宗教とは外化された人間の本質であり、（ハ）人間の本質が……あらゆるものごとの基準である。ということに対する曇りなき信仰で化粧し、また、（ニ）貨幣や賃労働等々は人間の本質の外化である……で化粧し、真正社会主義のうぬぼれで鼻高々とブリュッセルやパリに旅立つ』（MEW, Bd. 3. S. 475. ――但し、文中（イ）（ロ）（ハ）（ニ）は引用者（廣松のこと――渋谷）の整理符号）。

読者はかつてマルクス自身が『独仏年誌』の二論文において、右の（イ）（ロ）（ハ）（ニ）と同趣の発言、つまり、『人間的解放の究極的目的は人間である』『人間にとっての根本は人間自身である』『宗教とは人間的本質の疎外である』『人間を人間の最高存在であると言明する理論の立場に立った解放』というような命題を打出し、また、『貨幣とは人間の労働と定在とが人間から疎外されたもの』とも主張していたことを想起されるであろう。そして『経哲草稿』での議論はこのような見地から展開されていたのであった。しかるに、今や、マルクスはまさしくこのたぐいの命題の廉で、疎外革命論者グリューンを嘲笑する。これは疎外論の自己批判的自己止揚に応ずるものにほかならない」(同、九二〜九五頁)。

つまり、「疎外論」ではなく「物象化論」であるというスタンスは、マルクスにあっては、「疎外論から物象化論へ」ということを意味している。まさに、初期マルクス＝疎外論、後期マルクス＝物象化論であって、その点からも、物象化論の論理的枠組みを、今後も考察してゆく必要があるだろう。

●――疎外からの回復と神の自覚との同位性

廣松は、まさに疎外概念は「平等の欲求が物神化され『本然的な姿』だと思念された転倒なのである。括弧つきの『人間』は自己の現実の転倒された表象として、まさしく『神』である」(前掲、廣松渉著作集第一四巻、四二五頁)という。

ここでの「神」の概念の提示はおよそ次のような廣松の言説と相即しているはずである。「へーゲルは、人間が神を意識するという事態は、神が人間において自分自身を意識していることにほかならない、という。『宗教哲学』におけるへーゲルのテクストの言葉でいえば『神に関する人間の知は神の自分自身に対する知である』。これに対してフォイエルバッハは(『キリスト教の本質』で――渋谷)、敢えて『神に関する人間の知は人間の自分自身に対する知である』と言い、より露骨に『神の意識は人間の自己意識であり神の認識は人間の自己認識である』……ともいう」（「ヘーゲルそしてマルクス」、前掲、廣松渉著作集第七巻、一六二頁）ことだと。

だがフォイエルバッハは「いかにしてそのような疎外が成立するのか」はあきらかにできなかった（「『疎外革命論』の超克に向けて」、前掲、廣松渉著作集第一四巻、四〇九頁）のだが。ここでいわれていることは、自己疎外の克服というものは、あるべき絶対的真理の実現として人間の回復〈なるもの〉が措定される、それは結局〈神〉の絶対知の実現の過程、人間が神〈なるもの〉を見出す過程と同じ意識回路を描くのだということだ。自己疎外からの回復が人間が神を見出す過程として叙述したものが、ヘーゲル哲学にほかならなかったのである。

廣松はそれを次のように概観する。

ヘーゲルの疎外概念は、「（学理的つまり――引用者）フュア・ウンスには自己性を保持しながらも自己を化して非本来的な定在となり、その定在と相在に規制されてある主体のありかた、これがゼルプストエントフレムドゥング（自己疎外――引用者）――ないしはヘーゲル派でほぼ同義にもちいられるゼルプストエントオイセルング（自己外化――引用者）の本諦である」（同、四〇七頁）

このエントオイセルングは、法律用語的には「譲渡」、権力論では「委譲」などとされるものだ。『精神現象学』では、人倫的統一性としての共同体を自己意識が喪失したあり方を疎外（エントフレムドゥング）と規定する。疎外は共同体から自己を引き裂くが、引きさかれることで、共同体に対して対自的になり、共同体を自覚的に担うようになる。疎外をつうじて自己意識（人間）は、神の絶対精神の表現である人倫的共同体精神へと自己を「陶冶」（ビルドゥング）することになるのである。

廣松の論述では『精神現象学』は「『精神』が、感性的確知という姿から出発して、次々と化け、そして化けの皮をはがされながら（疎外と回復のくりかえし）、ありとあらゆる姿態を遍歴しつつ、絶対知つまり本来の神的精神にまで高まっていく」（同、四〇八頁）という学として説明される。

●――ヘーゲル「精神現象学」が意味しているもの

ヘーゲルの精神現象学では、「絶対知」へといたる精神の自覚の過程は、アン・ジッヒ（即自）―フュア・ジッヒ（対自）―アン・ウント・フュア・ジッヒ（即且対自）としての過程、つまり日常的当事意識（フュア・エス）が神（フュア・ウンス）の絶対意識へと至る過程として論述されている。

ヘーゲル哲学では（イ）アン・ジッヒとは「自己に即して」（それ自体として）で、それ自体に合一して分裂がない状態である。（ロ）フュア・ジッヒは「対自」であり、自己が分裂をおこしたり二重化したりしている状態である。（ハ）アン・ウント・フュア・ジッヒとは、語そのものとしてはアン・ジッヒとフュア・ジッヒの統一だ。

ヘーゲル哲学の中には、「神が自分で自分を知っていることはさらに神が人間のなかに自分の自己意識をもっているということ」（『精神哲学』（下）、船山信一訳、岩波文庫、二九七頁）だという筋立てがある。

ある有限なものについて人間はそのものを知る際、その対象を固定的にとらえ、他と区別し、そこに存在するものとだけ捉えてしまう。これを悟性的認識という。「これはこういうものだ」という固定した認識をもってものをみてしまう。だがすべて有限なものは変化する。諸関係によって現象しているものにすぎない。だからその規定は変えられなければならないことになる。つまりこういう状態が（イ）アン・ジッヒな状態である。

それ自体、多様な契機や矛盾が含まれているにもかかわらずそのような状態に自覚的でない状態である。つまり「自我も事物もここでは、多様な媒介という意味をもってはいない」のであり「事物は、ただ有から有る」「個物的な人が純粋のこのもの」である。だがある「対象が、感覚的確信自身においては、実際に、この確信によってそうだといわれている通りのものであるかどうか、また、実在であるというその概念が、対象が確信のなかに現にある姿と一致するかどうか、ということが考察されねばならない。……だから感覚的確信は、このものとは何であるかと問うべきである」（『精神現象学』樫山欽四郎訳、平凡社、一二三～一二五頁）ということになる。

（ロ）フュア・ジッヒ。このように「これはこういうものだ」という絶対的な確信がくずれさり、思考は矛盾におちいる。「これは、こうも考えられるし、ああも考えられる」となる。そのようにある者の矛盾を自覚する段階である。多くの契機、多様性に気づき、はじめは意識の対象との間で葛藤・疎外をおこす。だがそういう矛盾を自覚した自己を自覚した段階に達した状態である。

（ハ）アン・ウント・フュア・ジッヒはこの有限なもの（対象）が変化していく・現象している全体、

諸関係を把握することによって、この（イ）と（ロ）のふたつの規定は全体のなかでの二つの契機としてあることがわかるのである。（イ）と（ロ）は有限なものをのみ見て、このものを規定しようとしていたことによっておこっていたのであり、（イ）と（ロ）の対立もそういうものだったのである。まさに（イ）と（ロ）が相互に否定されてあるが相互に生かされてある総合の状態である。ここでは（ロ）は（イ）がもっている自己の統一性に帰っているのだが、同時に、全体性・多様性の側面を含んだ存在になっている。これが即自と対自の統一ということだ。ここに「自由」の状態があるといわれる。こうしてはじめの悟性的段階はかかる理性的段階に止揚されるが、さらにこのような三段階の発展を繰り返すうちに、絶対知の段階に達する。この展開の過程すべてを見通し観望しているのがフュア・ウンス（われわれ）である。だがヘーゲルにとってはこのフュア・ウンスが絶対知すなわち神の立場なのである。まさにフュア・エス（当事意識）が神（絶対知）を見出す過程が「意識の経験の学＝精神現象学」とされているわけである。これがヘーゲルの弁証法的思考の枠組みということになる。

●――廣松による疎外論批判と「自己否定」の論理

まさにヘーゲルの「精神」を、「人間」に転倒・転換し、非本然・非本来的人間からの本来の人間への回復ということを表明したのが、疎外論の論理回路にほかならない。疎外された労働に引き裂かれた人間であるプロレタリアが、自己と同じ状況におかれた社会的状況を自覚し、他者との共同に目覚め、階級的自覚によって〈人間〉(なるもの)を見出してゆく過程ということだろう。だからプロレタリアの「人間回復への回路」は「唯一の前衛」の「絶対的真理」に組織された、解放への唯一絶対の真理(絶対知と同じ立場のもの)への自覚の道として展開してゆくことにもなるのである。つまり救済者としての唯一の前衛(他党派解体)主義があらわれる回路と、この疎外論は同じ回路を保持しているのである。

廣松はそうではなく「プロレタリアは、彼が賃労働者であるかぎり、賃金奴隷として機械にこきつかわれるのが『本然の姿』である。彼はかかる自己の本質、自己の存在を自覚し、この自覚を契機として、自己の本質を革命的に否定するのであって、本然の姿にもどるのではない」(「『疎外革命論』の超克に向けて」、前掲、廣松渉著作集第一四巻、四二五頁)と論じるのだ。労働者の即自的存在の自己否定ということがいわれているのである。

まさに「本然の姿を回復する」というような発想に対して、「マルクス主義はこのような即自的な階級意識を理論的にも止揚しているのである」(同)。階級的役割役柄編制(モノとモノとの関係)への社会的諸個人(人と人との関係)の物象化であり、人間存在の階級存在なるものへの物象化(階級存在によって人間は存在するという錯認の機制)が組織されている。その存在の「自己否定」(克服)ということが、物象化論の課題である。

この「『疎外革命論』の超克にむけて」が書かれたのは、一九六六年、第二次ブント機関誌『共産主義』第九号であった。まさに一九六八年叛乱と、そこにおける〈自己否定〉の提起の以前に書かれているのである。その廣松物象化論の先進性をはっきりと確認しておこう。

これまでみてきたように、まさに疎外革命論は願望の物神化であり、「人間」の「神」学的唯心論への概念的な転倒、人間がおのれの本質なるものを見出す精神の旅の叙述にそれはほかならなかった。「人間」〈なるもの〉の「自己運動」、「人間」〈なるもの〉の物象化が引き起こされているといえるだろう。こうして物象化論は疎外革命論の記述概念たるにとどまる限界をあばいたのである。

第二章●——「四肢構造」論と共同主観性

●——主客二元論（反映論）とアトミズムの機制

本論で言う〈主観―客観〉の二元論的切断を特徴とする「主客二元論」、そして客観的実在の脳への〈反映〉を実体化した「反映論」は、資本主義近代の社会において「常識」とされているものの見方・考え方（エピステーメ）の一つである。

廣松は次のように述べている。

主観―客観の二元論にもとづく認識論（反映論）では「知覚的認識の場合、対象物が先方にあり、認識主体がこちら側にあって、事物から出発した刺激が主体に到達し、主体内部の神経生理的過程を通じて知覚心象が形成される、という具合に考えられる」。

「この通念的な観方」を廣松は「カメラモデルの知覚観」と呼んでいる。「対象―内なる写像―それを〝見る〟意識作用」という「三項図式」である。この図式においては「意識が直接的に認識できるのは〝意識の内なる心的内容〟だけである」ということになる（『哲学入門一歩前』講談社現代新書、五八頁以降）。

こうした反映論は、カントの主観的観念論（意識は認識主観が経験に先立って保有している構成形式によって対象をとらえたもの）（『純粋理性批判』（上）、篠田英雄訳、八七頁参照）と実は、同じ構成をもっている。つまり対象（客観そのもの）と認識内容が二元論的に分離していることでは共通しているのである。

つまり三項図式にしたがえば、客観を重視する「模写論」「反映論」は、「客観」（実在）の模写として――心象としての「認識内容」がそれによって、出来上がり、それを「主観」が認識するとなる。また、反対に、主観を重視する主観的観念論では、「意識内容」に構成されている構成形式から、対象（実在）を、「主観」が認識するということになる。つまり、意識は認識内容が経験に先立って保有している構成形式によって対象（客観）を捉えるということになる。

つまり、相対立する反映論・模写論と主観的観念論は、「三項図式」（客観―認識内容―主観）としては同じ形式なのである。

廣松は「『客観―認識内容―主観』という常套的な了解の構図には警戒を要する。客観が主観に認識内容のかたちで意識されている（主観が客観を認識内容のかたちで意識している）という言い方は倒錯である。正しくは、認識主観は現与の認識内容を単なる与件『以上の』或るものとして、客観的照応性をもつものとして覚識するといわねばならない」（「映像で知るのと言葉で識るのと」、廣松渉コレクション第五巻、情況出版、一四九～一五〇頁）とのべる。

つまり廣松は反映論では「認識内容」が〈客観的対象に照応する意味〉として認識できないと批判したのだ。つまり後述する etwas mehr（現相的所与―意味的所識。そこにあるだけの所与――ある実在――を、それ以上のある意味として判断するということ）ということがわかってないということになる。四肢構造論は反映論が意味論を説明できない限界を克服する位置をもつものとしてあるということだ。

さらに問題なのは、廣松はこの「近代認識論流儀の『三項図式』のもとでは、他人の意識内容については認識することが不可能であるという『他人の意識についての認識不可能論』に陥り、そこから『独我論』への傾斜が生じることである」（前掲、『哲学入門一歩前』、六六頁）と指摘する。しょせん他人のことなんてわかりゃしないという思念がここでの考察の対象だ。

「他人の意識、他人の〝内なる心象〟を認知するためには、他人の〝内側に入り込んで〟〝他人の内側から〟〝見る〟ことを要求される」。だが「他人というカメラ装置の内部に入り込んで内側からみることなど、およそ不可能であろう」。「〝他人の意識〟なるものは、所詮は、〝私自身の内なる意識内容〟たるにすぎず、『〝他人の意識なり〟と私が見做している私自身の意識』たるにすぎない。――哲学者たちは、意識はそのつど自分の意識であるという命題を『意識の各私性』と呼ぶ」（同、六六～六七頁）、このような自分の意識しかわからないという構成が「独我論の脅威」をうみだすと、廣松は言っているのである。

独我論とは「実在するものはわが自我とその所産のみであって、他我その他すべてはわが自我の観念または現象にすぎない」（『広辞苑』岩波書店）と一般にいわれる考え方だ。例えばバークリーは「精神すなわち知覚するもののほかにはいかなる実体もない」として「いま現に観念を（心の）内に見ているのと同じ順序で外的物体の協力なしに、観念は生み出される場合があり、またおそらくは、生み出そうとすれば常に生み出すことができる」（『人知原理論』大槻春彦訳、岩波文庫、四八〜五六頁参照）とのべた。

このような意識の私的自立性は、「われわれとしてのわれ」という構成ではなく、自存的に「わたしの意識」として対象が自覚されるということだ。近代市民社会の「個人（主義）がいい」などという、個人が実体であり、社会は個人のあつまりであり、ただ社会という名前があるだけだという社会唯名論（アトミズム＝個人実体主義）に対応する考えである。他者が共同主観的に存在するということが否定されているのである。

だが現実には人は〈われわれとしてのわれ〉として、社会的に通用している価値観のもとに生きているのである。

●――レーニンの素朴実在論と主客二元論

こうした主客二元論は社会主義思想にも大きな影をおとしている。レーニン（ロシア・マルクス主義）の素朴実在論、主客二元論解釈がそれだ。

レーニンのポイントは、素朴実在論にもとづく主客二元論を論定し、これにもとづいて客観的に実在する物質が因果論的に一義的な法則的決定性をもって運動していること、この「法則」を「真理」と規定する。そしてかかる絶対的真理が脳に反映するという真理の認識論を論じているのである。

「われわれのそとに、われわれから独立して、対象、物、物体が存在し、われわれの感覚は外界の像である、ということである」(レーニン『唯物論と経験批判論』国民文庫版、第一分冊、一三〇頁)。これがレーニンによる素朴実在論の規定である。認識主観と認識対象(客観)の二元論がいいあらわされている。

この立場からレーニンは例えばマッハを次のように批判する。

「唯物論は、自然科学と完全に一致して、物質を第一次的にあたえられているものとし、意識、思考、感覚を第二次的なものとみなす。……マッハ主義は、これと反対の観念論的観点に立っており、たちまちたわごとになってしまう。なぜなら第一に感覚はただ一定の仕方で組織された物質の一定の過程と結合しているにすぎないにもかかわらず、感覚を第一次的なものとしているからであり、第二に、物体は感覚の複合である、という根本前提は、あたえられた大文字の自我以外の他の生物ならびに一般に他の複合が存在しているという仮定によってやぶられているからである」(同、五〇頁)と。そしてレーニンはマッハをバークリーの主観的観念論と同じものとしているのである。「バークリーが、『感覚すなわち心理的要素』からは唯我論以外にはなにものをも『組みたてる』ことはできない、ということを十分にしめしたのである」(同、五一頁)と。

マッハの「感覚」とは主観の側の「感覚」のことではない。ではなぜレーニンはマッハをこのようにしか分析できないのか。それはレーニンのような素朴実在論にもとづく反映論・模写論に基本的な形式である、廣松いうところの「三項図式」の限界にほかならないのである。つまり素朴実在ではない「感覚」を立てるから、それは主観（個々人の主観）の観念だという判断である。

●――マッハの要素主義

だが、まさにマッハの「感覚」とは、主観の側の感覚のことではないのだ。

「色、音、熱、圧、空間、時間等々は、多岐多様な仕方で結合しあっており、さまざまな気分や感情や意志がそれに結びついている。この綾織物から、相対的に固定的・恒常的なものが立ち現われてきて、記憶に刻まれ、言葉で表現される。相対的に恒常的なものとして、先ずは、空間的・時間的（函数的）に結合した色、音、圧、等々の複合体が現われる。これらの複合体は比較的恒常的なため、〈それぞれ〉特別な名称を得る。そして物体と呼ばれる。が、このような複合体は決して絶対的に恒常的なのではない」（『感覚の分析』廣松渉・須藤吾之助訳、法政大学出版局、四頁）。

「物、物体、物質なるものは、諸要素、つまり、色、音、等々の聯関をはなれてはない」（同、七頁）。

このどこが観念論だというのか。

「多様な姿をとって現われる同一の物体なるものが、いったいどこに存在するというのであろうか？　われわれが言いうるのは、さまざまなＡＢＣ……がさまざまなＫＬＭ……と結びついているということだけである」(同、一〇頁)。「問題なのは、要素αβγ……ABC……KLMの聯関だけになる。かの〈自我と世界等の〉対立はまさに、この聯関に対して、ただ部分的に妥当な・不完全な表現にすぎなかったのである」。「私が『要素』『要素複合体』という表現と併用して、ないしは、それを代用して、『感覚』『感覚複合体』という言葉を以下で用いる場合、要素は右に述べた結合と聯関においてのみ、すなわち、右に述べた函数的依存関係においてのみ、感覚なのだということを銘記さるべきである」(同、一二～一四頁)。「第一次的なもの(根源的なもの)は、自我ではなく、諸要素(感覚)である」(同、一九頁)と。

まさに廣松が言うように「この要素=感覚は、『頭のなかにある』主観的な心像として理解されてはならない」のであり「頭のそとにある感覚なのである」(廣松「マッハの哲学」、前掲、『感覚の分析』巻末解説、三三三頁)。そして廣松は、マッハにおいては「諸要素の函数的関係」が「大切」だと説明している。「マッハによれば、諸要素および要素複合体は、それが主観を構成するものであれ客観を構成するものであれ、フンクチオネール(機能的――引用者)な相互依存関係のうちにあり、この聯関を離れては自存しないのである」。まさに「要素はすべて汎通的相互関係のうちにあり、……このゆえに、色、形、等々が主観を離れて自存しないという当然の命題は、マッハをして直ちに主観的観念論に陥らせるものではない」(同、三三八頁)ということだ。

まさにマルクスがいうように「人間の本質とは……社会的諸関係の総体《アンサンブル》」(「フォイエルバッハ・テーゼ」廣松渉編訳、小林昌人補訳『ドイツ・イデオロギー』、岩波文庫、二三七頁)なのである。そしてかかる多岐多様な物質的諸関係において存在しているということ以外ではない。そしてこの要素一元論から、マッハの時間・空間概念が定立するのである。（マッハの客観的要素主義の陥穽（現相主義）については、拙著では『国家とマルチチュード』八八頁以下参照。廣松渉『事的世界観への前哨』ちくま学芸文庫、一〇四頁以降参照）。

＊なお、マッハのこの要素主義に関わって、「現相主義」と廣松渉が名づけた問題は、後述する。

●──〈etwas mehr の論理〉＝四肢構造論

こうした主客二元論＝三項図式に対し、廣松は「四肢構造」論を提起した。

四肢構造の最初の規定は「所与─所識」（現相的所知の二契機）である。

人間の知覚に対する現象フェノメノンは「即自的にその都度すでに、単なる〝感性的〟以上の〈或るものとして〉現れる。……フェノメノンは──それが反省的意識において〝知覚〟と呼ばれる相で現れるものから〝判断〟と呼ばれる相で現れるものに至るまで──即自的に『或るもの』として、『単なる与件 als solches（アルス・ゾルヒス）より以上の或るもの』として、現れる」。

この「より以上のあるものとして」というのがポイントである。これを「として機制」という。

「すなわち、所与をその〝なまのまま〟als solches（アルス・ゾルヒス）に受けとめるのではなく、……所与以上の或るもの etwas Mehr（エトヴァス・メーア）として意識する」（『世界の共同主観的存在構造』講談社学術文庫、四五頁）のである。

もう一つ引用しよう。

「意識はその都度必ず何ものかについての意識 Bewubtsein von etwas である。この命題は正しい。がしかし、意識の原基的な構造の把握としては不十分であると評せざるをえない。意識は、与件を単にそのもの als solches として意識するのではなく、その都度既に、与件を単なるそれ以上の或るもの etwas mehr、単なるそのもの以外の或るもの etwas Anderes として覚知するという構造をもっている。対象的現象に即していえば、現象は、決して単に自己自身を示すもの das, was sich selbst zeigt ではなく、その都度既に、単なる自己以上の或るもの、単なる自己以外の或るものを示す。この二肢的二重性が対象的意識、そして『現象』の実態である、と著者は考える」（前掲、『事的世界観への前哨』、一二一〜一二二頁）と廣松は論じている。

この場合、etwas mehr（エトヴァス・メーア）とは「所与以上のあるもの（としての所識）」という意味であるが、エトヴァスとは「あるもの、あること、何か」で、「nicht 〜でない」の反対語である。メーアは英語で more という意味であり、「より多く、……以上」ということである。語を分解すれば〈認識対象として与えられている何か・そのもの―を、そのもの―以上に意味をもった―ところの―あるもの―として―認識する〉ということだ。

これが廣松哲学の第一定義といっても過言ではない重要な語句だ。この「として認識」することは自然におこなわれることではなく、社会的文化的歴史的な教育、協働をつうじて同型的な認識―共同主観性の形成を俟っておこなわれるようになるのである。「として」とは社会性の契機が前提されているのである。

これを「所与―所識」という。「所与」は現にあるがままのもの（「現相」）だから「現相的所与」である。人間はこの所与を必ずある「意味」として「認識」するので、だから「意味的所識」となる。これで「現相的所与―意味的所識」となる。

廣松の意味の定義とは何か。例えば自動車が無い社会では、何かそのものとしてある車を車という意味として認識することはできない。この場合、車とは意味である。「差当り、与件（思惟により加工されない直接的に対象としてあるもの――引用者）がそれとして意識されるところの、この客観的な或るものを『意味』と総称し、これの呈する特異な存在性格を『イデアール』と呼ぶことにしておく」（前掲、『世界の共同主観的存在構造』、四八頁）というものだ。「与件」がある「意味として」意識されるということがここでのポイントである。

●――「現相的所与」の無意味性と意味の契機

「所与―所識」構制をもう少し理解するために、廣松がマッハについて、これを「現相主義」（前掲、『事的世界観への前哨』）と呼んだ問題に触れておこう。

先に見たようにマッハにおいては現実の諸関係〈のみ〉が世界をつくっているのだから、例えばカントの「物自体」のごとき、認識主観にあらわれた物ではなく、考えることはできても認識することもできず、現象の究極の原因とされるような概念も必要ないことになる。

ここまではマッハと廣松は同じであるといっていい。

つまりマッハはレーニンが『唯物論と経験批判論』でいうような「主観的独我論」などではないのだ。レーニンのマッハへの論難はボグダーノフをマッハ主義＝観念論としてレッテルばりをやり、失脚させようとした政治主義的意図によるのにほかならない。

だがマッハにはむしろ、次に述べるような廣松との違いがある。マッハは主観的観念論とは反対の客観主義的要素主義（現相主義）として規定すべきなのである。

つまり廣松はマッハを「現相的所与」と「意味的所識」が分節できていないと批判するのである。「所与」と「所識」が同じものとなっているということだ。

「われわれとしては、しかし、現実の世界は要素複合体以上のものであることを指摘し、この『以上』と、それの存立する構造的機制を問題にせざるをえない」（同、一〇五頁）とのべる。つまりマッハの論理では、「所与」が現相のそのままで、単なる感性的な要素としてではなくて、「意味」（共同主観的に先行的に了解される意味形象）をもってしまっているといいたいのである。そこで廣松は、これを「現相主義」とよんだのであった。つまり素材「以上」の或るものが問題であるというわけである。etwas mehr がマッハには分かっていないということだ。

さらに「マッハは感性的与件、要素ＡＢＣ……が相互間において被媒介的な連関構造をもつこと、また、ＫＬＭ（自我）とのあいだでも相互被媒介的な関係にあることは当然にも指摘しているが、意味契機の存立とその共同主観的な被媒介性を看過することにおいて、現相世界の歴史的・

社会的な相対性を把握していない」(同、一一三頁)という。

●——〈所与〉以上のあるもの(所識)としての「所与—所識」成態
——例「骨・皮・肉」(所与)だけでは「イケメン」(所識)とはいわない

この問題は、廣松の「所与」とは何かという問題ともかさなるのであるが、廣松は『事的世界観への前哨』(ちくま学芸文庫)で次のように述べている。廣松の書いたものとしては、この部分は、出色のわかりやすさだろう。

廣松がマッハの「要素一元論」を批判したくだりだ。が、今はマッハがどうのというのは、おいておき、このマッハに対する批判から、廣松が、「所与—所識」を如何にどのような区別と連関においてとらえているかを、おさえていこう。

「マッハの議論では、卑俗な例を用いていえば〝美人とは骨と肉と皮の複合体にすぎない〟というにも等しい仕儀に陥るからである。たしかに、素材的にみれば、美人といえども骨と肉と皮からなっており、美人自体なる超越的な存在の現象体というわけではあるまい。しかしながら、骨と肉と皮の複合体を依って以って『美人』ならしめる所以の、つまり、素材『以上』のあるものが問題である」(一〇五頁)と。ここから廣松はかかるマッハの「要素一元論」を批判した。

＊マッハを「客観主義的要素主義」と批判しつつ、そのマッハの「関係主義」から学んだのが廣松、これとは一八〇度反対に「主観的観念論」と批判したのがレーニン。

廣松はこう論じている。

「マッハは彼の謂う『要素』を、ＡＢＣ……つまり、いわゆる物体を構成している諸要素、ＫＬＭ……つまり、身体や神経組織を構成している諸要素、αβγ……つまり、記憶や感情、等々、普通には主観的な表象と呼ばれているもの、以上の三種に下位分類する。そして必要な場合には、Ｋ′Ｌ′Ｍ′……つまり、他人の身体、それからまたα′β′γ′……つまり他人の〝観念内容〟のごときをも下位分類として認める。しかるにＡＢＣ……に関しては、これがそのまま他人にとっても現前するものとみなしており、これにはダッシュつきのものは認めない。このことは、マッハが、眼の前の例えばリンゴの赤い色、丸い形、等々は、他人たちにとっても、そのまま原基的な要素であると考えていることを物語っている。……この場合、もし他人の見るリンゴは、α′β′γ′……なのだというとすれば、私の見るリンゴもαβγ……なのであって、ＡＢＣではないことになり、マッハの議論全体が崩れてしまう。そして現に、マッハが対象の『模写』『与写』を云々するとき、彼としては、その際の表象内容をαβγ……α′β′γ′の次元で考えており、感性的知覚と表象的観念との区別をヒュームに類する内省によって識別しうると考えているのであるが、この限りでの彼の議論は他人にとって固有な知覚ＡＢＣ……を十全に排却しうる議論にはなっていない。……　要素ＡＢＣ……を他人ともそのまま共有しうる与件とみなすことにおいて、マッハとしては、実は、ＡＢＣ

……を単なる感性的要素としてでなく、共同主観的に同一なものとして先行的に了解される意味形象として措定してしまっているということである」。

「マッハの謂うＡＢＣ……は、その都度の感覚要素ではなく、例のリンゴに即していえば、リンゴの『赤さ』（つまり、私と他人とでは見え方、色合い、などが異なり、同じ私であってもその時々の条件で異なってみえるが、それにもかかわらず同一のリンゴの赤さとして意味づけられている限りでの赤さ）なのであり、リンゴの形、香、等々なのである。マッハは同一のものとして意味づけられた所知（意味形象としての乃至は意味を懐胎しているものとしての）と、感性的な直接的な与件との区別に無自覚である。このゆえに、彼は要素複合体に一定の名称を与える『命名』ということの存在論的・認識論的な意義にも無自覚である。だが、与件が意味づけられた形象として対象化されるとき、それはもはや感性的な単なる素材ではない。

現相世界がそれ自身において既に単なる感性的素材以上の或るものとして存立するということ、リンゴは単なる感性的要素の複合体以上の或るものとして現前するということ、この事実は現相世界が本源的に意味づけられた相で現前するということに由来する。この際、意味形象の〝懐胎〟といっても、意味形象なるものが素材的に構成要素をなしているわけではない。美人が骨と肉と皮の複合体以上の或るものだからといって、素材的に何かが加わるわけではない」（同、一〇七～一一〇頁）。

つまり「マッハは感性的与件、要素ＡＢＣ……が相互間において被媒介的な連関構造をもつこと、また、ＫＬＭ（自我）とのあいだでも相互被媒介的な関係にあることは当然にも指摘しているが、意味契機の存立とその共同主観的な被媒介性を看過することにおいて、現相世界の歴史的・社会的な相対性を把握していない」(同、一一三頁)ということになる。

この廣松の批判はマッハの要素一元論とは、廣松の認識論でいう「四肢構造」の二肢「現相的所与―意味的所識」(「現相的所知」の二契機)が、区別できていないという批判だ。

この二肢をもって、「所与を、その生のままにうけとめるのではなく、所与を所与以上のあるものとして意識する」となる。それが「現相的所与―意味的所識」成態にほかならないのだが、まさに etwas mehr(エトヴァス・メーア)つまり、etwas(あるもの)を、それ以上の(mehr = more)あるものとして認識するということ、「現相」以上の・「素材」以上のあるものということであり、「骨・肉・皮」以上の「美人」・イケメンということになる。そしてそれは歴史的社会的文化的に共同主観的な意味として形成されているということである。

この「所与」はだから「客観的実在の存在の否定」なのではなく、「骨・肉・皮」という客観的実在として措定されたものにほかならない。

この廣松語を翻訳するなら、つまり客体としてある認識の素材は、それ自体としては認識主体とのあいだに連関を形成して存在させられているが、それ自体としては「意味」をはじめからもっているものでは「ない」。つまり共同主観的な意味判断の相違により意味がちがってくるということである。

廣松があげる例としていうと、マッハがいうとおりなら、美人・イケメンは「骨・皮・肉」という「現相的所与」だけで認識できるとなってしまうということだ。「骨・皮・肉」だけならそれ自体はイケメンではない。「意味的所識」としてイケメンなのであり、また社会的文化的歴史的にそのイケメンとしての価値はかわるのである（同、六九頁）。これが廣松が「意味的所識」といっていることである。

●──〈地─図〉の分節態と「所与」の位置づけ

もう少し〈意味〉、あるいは〈～として判断する〉という考え方の廣松的ニュアンスを鮮明にするために、廣松の「地─図」についての分節を見ていこう。ここでは、「所与─所識」の「所与」を、どのようなものとして位置づけるかが、ポイントとなる。

「現相の第一肢たる『所与』といっても、それは自己完結的に独立自存する自足的なものではなくして、あくまで、『所与─所識』関係の『項』なのであり、それが『単なるそれ以上の意味的所識として覚識される』という関係規定性においてのみ『所与』なのである、……現相における直接的な与件と言えば、論者たちはとかく〝単純感覚〟とか〝感覚与件〟とかいった〝窮極的な要素的与件〟……を想定したがる。がしかし、……〝単純感覚〟とか〝単純感情〟とかいう〝窮極的な要素的与件〟なるものは存在しない」（廣松渉『存在と意味』第一巻、岩波書店、五八～五九頁）。

「ここで人は依然として次のように言い募るかもしれない。なるほど〝個々の感覚〟という単位は存在しないにしても、単位的な『形態』（ゲシュタルト）ないし、メッツガーのいう『知覚の場に生ずる自然的部分』という〝究極的単位〟があるのではないか。そして、その〝究極的単位〟それ自身は単層的な与件のはずである、云々。われわれとしても、ゲシュタルト的な『図』（それが錯図を形成する〝部分〟である場合を含めて）が一つの『図』的分節をなすかぎり、それが〝単位〟であることは認めうる。しかし、この〝単位〟的分節態はすでにして単層的な与件ではなくして二肢的二重態（「所与―所識」ということ――引用者）であることをわれわれは主張する」（同、六〇頁）。

こう定義した廣松は次に、メルロ＝ポンティの『知覚の現象学』（竹内芳郎、小木貞孝氏共訳、みすず書房、三〇頁）から、次の一節を援用する。

「ゲシュタルト理論は――と彼は書く――〈一つの地の上の一つの図〉、これこそがわれわれの持ちうる最も単純な感性的所与であることを教えてくれたが……これは知覚現象の定義そのものをなしているのであって、その条件なしには或る現象を知覚と言えなくなる底のものである」。しかるに、図の「各部分はそれ自身が実際に含んでいる以上のものを告知しており、従って、こういう初歩的な知覚ですら、もうすでに一つの意味（sens）を担っているわけである」。

これに対し、廣松は言う。

「彼（メルロ＝ポンティ――引用者）は〈地のうえの図〉が『最も単純な感性的所与』であることを認め、この『所与』が『一つの意味を担う』という構図で議論を運んでいるが、われわれに言わせれば『図』はすでに単なる感性的所与ではなく、意味を担う以前に意味に〝負う〟ものである。『図』がもし（必然的に意味を担うとしても）それ自身としては『単純な感性的所与』であるのであれば、われわれは当の『準自足的』な〝所与〟を以って窮境的な現相的所与とみなすこともできよう」。だが「われわれとしては、彼が〝意味〟と区別して立てる〝所与〟を、窮局的な次元では、『最も単純な感性的所与』とは認めがたいのである。……彼の謂う『図』とその『各部分』、いな『地のうえの一つの図』という『最も単純な感性的与件』なるものが、すでにして『所与―意味的所識』二肢的二重態であることを主張し、彼がこれの『担う意味』というのはこの原基的な『所与―所識』成態の〝上に〟立つ〝高次の意味〟である旨を指摘したいのである」。

「われわれとしては、最も基底的な場面では『窮局的所与』なる第一肢的与件を、それ自身としてはもはや『現相』の〝平面〟に納らぬ次元に求めざるを得ない」（前掲、『存在と意味』第一巻、六一〜六二頁）ということになるのである。

もう少し、わかりやすいものから、引用しよう。

廣松は『新哲学入門』（岩波新書）ではつぎのように、論じている。

「現相的分節態（心理学者はおそらくこれを『地』グルントから分凝して顕出した『図』フィグールと呼ぶことでしょう）どうしの相互的連関を表面的・外見的に記述するのではなく、個別的現相の内的存立構造の分析から始めるのがここでの方略です」（同、四四頁）と述べて、つぎのように展開する。

「街並を眺めるとき、道路は遠方へと先細り・坂上りに見え、遠くの自動車は甲虫のように、人物は蟻のように小さく見えます。しかし、〝実際には〟道路は先細りでも坂上りでもないこと、〝実際には〟自動車や人物は〝見え姿〟よりもはるかに大きいということ、このことを人は直覚的に意識しております。人がもし、見えるがままの先細り・坂上りに実際になっていると信じているとしたら、遠近法的配景（パースペクティブ）の覚識は成立しないでしょうし、そしておそらく、街並は書割（「大道具の一。背景の一種。いくつかに割れるところからいう」（『広辞苑』）――引用者）のようにしか感じられないでしょう」（同、四五頁）。

こうした「個別的現相の内的存立構造」を、廣松は「直接的所与相と実際的所識相とのこの区別化的統一という事態」（同）と呼んでいる。またこうした「所与がそれ以上・以外の在るものとして覚知される『所識』、この〈或るもの〉のことを私は認知論的場面では『意味』と総称します」（同、四七頁）と規定している。

●――「所与―所識」「能知―能識」の構制――認識の与件をめぐる問題

この「所与―所識」に対して認識する主体の側を「能知―能識」という。この場合、「能知的誰某―能識的或者」とされ「能知的主体」の二重性が立てられる。つまり「現相的所与が意味的所識として能知的主体に対妥当する」（前掲、『存在と意味』第一巻、一六八頁）という形になるのだ。「能知的誰某」とは、対象をある意味としてでなく、例えば車としてでなく、感性的に「そこにあるもの」としてただ知るだけの能知的主体のことである。だがこの「能知的誰某」は意味〈車〉を意味〈車〉として認識する社会的共同主観性に内存在している。だからかかる車としての「意味的所識」に対して妥当な認識をする者なので「能識的或者」ということになる。

総じて「現相的所知」の二契機たる「現相的所与」―「意味的所識」に対しこれに、能知的主体としての「能知的誰某」―「能識的或者」が対妥当する関係性を、廣松は「『等値化的統一』と呼ぶ」（同、一四九頁）のである。この四肢構造によって人間の認識は、社会的に成立しているのである。例えば幼児が犬を見て、「モウモウ」といっていたら、「あれは、ワンワンですよ」と教えるというのが、社会的共同主観性によって形成された意味ということになる。

廣松の書いた『世界の共同主観的存在構造』の「序章」に、わかりやすい解説がある。「第三節　認識論新生の当面する課題と視座」（廣松渉著作集第一巻、二六～二八頁）というところだ。

「われわれとしては、与件を次のように受けとめ、それぞれに応じて次の仕方で問題を立てることができる」として次のように論じている。

「人間の認識が本源的に社会化され共同主観化されているという与件。これは人々の知識内容が社会的に分有され共通化しているという次元のことではなく、人びとの思考方法や知覚の仕方そのものが社会的に共同主観化されているという実状を示している。……人びとの意識実態（知覚的に現前する世界）は当人がどのような社会的交通の場のなかで自己形成をとげてきたかによって規定される。従って、『認識』は、個々の主観と客観との直接的な関係として扱うことはできない。伝統的な認識論は、『認識』を主観―客観関係として扱うにあたり、他人の存在ということは原理上は無視して処理できるという想定のうえに立っていた。いまや、しかし、他人の存在ということを認識の本質的な一契機として扱わねばならない。しかも、その他人たるや、これまた、単なる個々の他人として扱ったのでは不可であり、一定の社会的歴史的な関わり合いにある者として、そのような共同現存在としてのみ、介在する。かかる他人たちの介在が、discursive（推論的——引用者）な思考の方法はおろか、ものの感じかた、知覚の仕方まで規制し、いうなれば意識作用のはたらきかたを規制するのであるから、『私が考える』cogito ということは、『我々が考える』cogitamus という性格を本源的にそなえている、ということができよう。意識主体は生まれつき同型的なのではなく、社会的交通、社会的協働を通じて、共同主観的になるのであり、かかる共同主観的なコギタームスの主体 I as We, We as I として自己形成をとげることにおいてはじめて、人は認識の主体となる」。「この共同主観性（intersubjektivität ＝間主体性＝共同主体性）が、歴史的社会的な協働において成立する以上、認識は共同主観的な対象的活動、歴史的プラクシスとして成立する。換言すれば、認識は決して単なる『意識内容』を与件とする〝主観内部の出来事〟なのではなく、……直接的に対象関与的である。……われわれに現実的に与えられている世界は歴史化された世界である。しかるに、この現実の世界は、かの共同主観的・歴史的な『対象的活動』によって拓けるのであるから、認識論は、もはや『意識の命題』を単に放棄するという域をこえて、同時に存在論としての権利を保有しつつ、歴史的実践の構造を定礎する〝歴史の哲学〟の予備門として、その一契機となる」。

ここで言われていることは、個々人の脳が客観的実在を模写・反映するという主・客が二元論化した認識論に対し、共同現存在として人間の認識が、間主観的な意味契機を媒介にした意味形象・意味表象を把握するものとして存立しているということを対置させたものに、ほかならない。そして、このように、廣松の「（現相的）所与」——与件とは、かかる社会的共同主観性として知覚された認識対象としての客観的実在の存在そのものなのだということだ。

こうしてわれわれは「相互的媒介性」をもった四契機を「現相的所与―意味的所識」「能知的誰某―能識的或者」等値化的統一（態）と規定し、「この四肢的構制態をわれわれは『事』と呼ぶ」（同、一九九頁）と廣松は規定するのである。これが「事的世界観」と廣松が言うところの第一の定義に他ならない。そしてこの場合「能知（の主体であるわれわれ――引用者）がその都度人称的誰某以上の共同主観的或者であること」が明示されるべきこととしてあるという。

つまり諸個人は「われわれとして」、共同主観性に所属した或者として考えているのだ。「自分は個人主義者だ」という人でも「われわれとして」という機制で考えているということだ。この個人主義は個人という共同連関の中での関係の項を実体化して価値化したものなのだ。

●――共同現存在としての共同主観性

まさに共同主観性が歴史的・文化的・社会的なものであり、その「認識主観の認識論的同型性」が「協働現存在をつうじてアポステリオリ（経験によってあたえられるもの――引用者）に形成された共軛的な在り方の一位相」（同、一九四頁）であり、そこで「われわれ」とは「協働の歴史的・社会的現実態」（同、一九五頁）に他ならない以上、社会的諸関係の変化の中でたえず変化するものなのにほかならない。これは正義論の文脈に関係することだ。つまりわれわれの「取り決め」は、協働連関の中で変化し、より妥当性のあるものをもとめていくのである。

＊廣松はこの四肢構造論を踏まえ、「我々の立場においては、ありとあらゆる世界現相が価値を担う実在的所与たりうる」（前掲、『存在と意味』第二巻、一八頁）として〈実在的所与を意義的価値において認知する役柄者或者（役柄を装着する者）としての能為的誰某〉が、そのような「用在的世界における四肢的連関」において協働を実践する機制を説いてゆくことになる。ここでのポイントは役柄者或者は意義的価値に対応するが、それはハイデガーのように、用材と主体が二元論的に分離されて自存し人間と「出会う」（客観的に自存する道具の用材性を発見する）のではなく、協働的役柄行為としての人間実践との関連において、人間実践によって用材がまさに〈用材として〉〈現象させられる〉という連なりを明確にすることがポイントになる。

人間は〈われわれ〉として生きている。廣松はのべている。「人間の意識が本源的に社会化され共同主観化されているという与件。これは人々の知識内容が社会的に分有され共通化しているという次元のことではなく、人々の思考方式や知覚の仕方そのものが社会的に共同主観化されているという実状を示している」（前掲、『世界の共同主観的存在構造』、二六頁）。まさに共同現存在とは「共同主観的或者」にほかならない。

つまりわれわれ一人ひとりは他者との連関のもとにその一つの「項」として存在しているということだ。

●――「内共同体的同一性」と「正義」

では、ある価値観が社会の中で多数意見として共同主観性となるのは、どういう機制かを見ていこう。

「或る時代の或る文化共同体の内部でみれば人々の価値判断は大枠的には共通的・斉同的であること、しかるに、時代や文化圏を異にするとその大枠的な価値基準そのものがまるで違ってしまうこと、この事実が目につきます。この事実、すなわち、価値の間共同体的相異性と内共同体的〝同一性〟という事実、この両側面を統一的に説明する理論装置が求められる」と廣松はのべる。

「歴史的・社会的・文化的に〝単位的〟な或る生活共同体の内部においては、人々の価値判断を間主観的に同調化させ共同主観的に同型化させるメカニズムが作動している」のだと。こうした価値判断は「所与―所識」の構造になっており「所識」は価値判断をもったもの、つまり「価値的所識」となるのである。かかる「『価値的所識』の共同主観的同一化のメカニズムによって……『価値の内共同体的〝同一性〟が成立する』」(前掲、『新哲学入門』一七五〜一七六頁)と廣松は説明する。まさにこの共同体的精神を規範として表明するような、「内共同体的同一性」という位置づけにおいて、「正義」が規定される。正義とは価値判断の連なりであり、だから法―規範―規則・義務・権利の体系である。それはおのおの当該共同体において「間共同体的相違性」と「内共同体的同一性」をもつものとして成立している。これを簡単にいうと共同体内の多数意見ということだ。

つまり共同体の多数意見とは、歴史的文化的社会的にどのような〈判断〉がもっとも妥当かということのつらなりにおいて「価値の同一化」といったものを媒介に、合意されているということなのである。この合意の基準・前提となるものが、人々の〈協働〉連関の運営の仕方如何にかかわる、それに規定されたものだということだ。この協働連関が問題になる。

●──社会的〈価値〉のサンクションによる教育

協働とは「共互的役割行為」（前掲、『存在と意味』第二巻、三八二頁）とされる。例えば「分業的協働」は「複数の行為主体たちが統一的目的を達成すべく分掌的行動を遂行するもので」「分業には……多種多様な様態がみられる」。

どんなものかというと「ゴッコ遊ビやティーム・プレー、合唱・合奏・芝居、生産活動の場における各種の分業的協業、儀式・祭事・政治、はては、教育から戦争にいたるまで、社会的活動の殆んど全域で自覚的な分業的協働が営まれている。そして分業的協働者達は」「統一的目的の自覚的共有に基づく特種的綜合相にある主体＝我々という相を覚識する」（同、三八〇頁）となる。つまり、ゴッコ遊ビから教育、生産、戦争、儀式などにいたるまで、これらには、全て例外なく「やり方」というものが在る。「やり方」を学ばせる場としてはすべて共通している。マニュアル通りにやらなければ、大事故をおこす危険さえある。間違ってやったために人を意図せず傷つけてしまう場合だってある。だから、これをやれるようになるためには、子供のときでは「しつけ」であり、コミュニケーションを学ばせることであり、大人になってからも他人の期待に応えられるような、例えば引き受けた仕事を常識的に遂行できるような主体になっていく必要がある。政治にも当該共同体のルールがある。法律を破ると訴追の対象になるなどということだ。「なにをしてもいいのか・なにをすればよくないのか」そういう価値判断が訓練される。ある共同体の社会的共同主観性を主体的に形成していくためには、サンクション（賞罰）が必要なのである。つまり基本的にその共同体がルールとしていることを学ばせる機制が働いているのだ。

「サンクショナーの価値評価は、概ね、彼の内存在する〝共同体〟の価値基準に則って、当該〝共同体〟の成員たちのあいだで共同主観的に一致する相でおこなわれる」。

「かくして、能為的諸主体は、自分の内存在する〝共同体〟の価値基準に則って行為を評価され、〝共同体〟諸成員の共同主観的に一致する相での価値評価に基づいた賞罰を蒙ることを通じて、自分の各種的行為（目的投企・行動様式・動機心態）の在り方を鼓舞・禁圧され、当該の共同体において正価値とされる相に行為の在り方を矯正され、負価値とされる相での行為を抑止される」。当人の意識においては、それは「かくあるべし」というものとして自覚されるのだ（同、一七七〜一七八頁）。

この場合、廣松は「サンクショナルな条件づけ」には「背後に制裁を控えている命令」としての「催眠」（「ねむけをもよおすこと。また人工的につくられた、睡眠に似た状態。睡眠と違って催眠状態にある者には容易に暗示を与えることができる」（『広辞苑』）――引用者）、「暗示」をもが入るとしている。例として「お兄ちゃんなのだから」「軍人らしく」「教員らしく」「男らしく」「日本人らしく」

などをあげ、「条件づけ、催眠、自己暗示は、差しあたっては外自的な行動を規制するものではあれ、上述の通り、〝内自的〟行動性向を変化せしめ、人格的特性の変様、人格的陶冶をもたらす」（同、一七八頁）、つまり、そのような規範的行為ができる人格へと自己を形成せしめてゆくものとなるというわけである。このような「当為意識」つまり「まさになすべきこと」として役割行為は意識される。まさにこうして〈価値〉は国家権力を頂点とする社会的諸規範・規則を形成する機軸となる。当該共同体の社会観によってその内容は相違するのである。

●――役割・役柄の形成・分掌過程とその意味

廣松は以上のような「分業的協働」の諸相にふまえつつ、役割・役柄を次のように説明する。われわれが普段、他人にどのようなものとして対しているかがここでの問題となるのである。「人は日常的生活の場において、他人を個体的人物として認知はしてもそのこと以上に一定の役割行動を期待したり」「役柄」として「認識したりはしない（しえない）場合も現にある」。だけど、あの人はかくかくしかじかの役割（役柄）をもった人であると現認しない場合ですら「……老人であるか青年であるかといったことを弁別的に認知しており、また安全そうか警戒すべきか、一定のコミットメントを要するか無関与的にやり過ごして差支えないか、といったことを弁別的に覚知している」（前掲、『存在と意味』第二巻、一二四～一二五頁）というわけである。

「安全そうか警戒すべきか」とかは、わりと毎日しているはずだ。それはともかく「日常生活の場という〝舞台〟に登場する人物は、その役柄存在規定性がよしんばまだ不明・未知であっても、即時的には既に〝協演〟者として了解され、その心算で対処される」(同、一二四頁)ということだ。人は息子であったり父親であったり、職業人であったり、町会長であったり、少年野球の監督であったりと、いろいろな役割を演じて生きている。この役柄は「ポジションの相で」あたえられたものと認識されている。「部署」「地位」ということは「役割行動」をその「項」において実体化したものだ。この「役柄なるものが」既に存在する部署の相で意識されるようになると「当事者たちの直接的意識においては」「地位的役柄から役割期待がうまれるような倒錯」がおこってくる。例えば「かくかくしかじかの地位にいる人がこんなこともできないなんて」といわれる。つまり「部署」「地位」には「一定の役割期待が附属する」と認識されてくるのであり「あまつさえ、当の地位には一定の『権限』が附帯しているというように思念される」(同、一三一～一三二頁)のである。

まさに廣松用語でいえば「固有の人格的特性を具えた」主体である「能為者誰某」が「役柄存在」を帯びた「役柄者或者」として存在すること(同、一六六頁)が、ここでのポイントになる。つまり人々の協働とは、単なる「我はおこなう」以上の「我々がおこなう」として営まれるのである。人の役柄は学生に対しては教師、医師に対しては患者というように「共軛的な役柄存在」である。だから役柄は「われわれ」として行為することだ。

その役柄期待に応えていくためには、他者に「対して」それの期待に応えるために自己を陶冶するためにサンクションが必要になる。そこでは我々的価値評価が存在する。こうして「役柄者或者」は相互媒介的に、その役柄としての自己・主体を形成していくのである。生身の人間が社会的・対他者存在として「われわれ」として生きていくためには「役割・役柄として」自らを自己形成し訓練する必要があるということだ。

この「社会的動物」として必然的に果たさなければならない訓育と「部署」の遂行が、先に見たような「医師なら」「軍人なら」「日本人なら」、「工員なら」この部署、この工程をやる者なら、果ては「囚人なら」という当為的行為としての「われわれ」としての「われ」を要請するのである。

そこで問題になるのは「価値的所識」に対妥当する「役柄者或者」が、その時代・特定共同体の「価値」のありかたに規定され、その社会観の再生産として、この社会的〈価値〉の要求する人格、役柄へと規律・訓育される過程にはいるということだ。当該共同体が「階級支配」「権力支配」を共同主観的な価値にしていることに前提されているなら、どの共同社会（体）でもなされねばならない役割役柄形成・分掌過程が抑圧権力を担う諸個人の規格化の過程〈として〉二重に遂行されることになるのである。

第三章●——物象化論の機制

●——物象化の定義

ここで廣松が論じるところの、「物象化」をまず定義することからはじめよう。

それは「人と人との社会的関係（この関係には事物的契機も媒介的・被媒介的に介在している）が、〝物と物との関係〟ないし〝物の具えている性質〟ないしはまた〝自立的な物象〟の相で現象する事態、かかる事態が物象化という詞で指称されていることまでは容易に認められる。このことに徴して、われわれは概念規定以前的な暫定的表象として、人と人との関係が物的な関係・性質・成態《ゲビルデ》の相で現象する事態、これをひとまず物象化現象と呼ぶことができよう」（「物象化論の構図」、廣松渉著作集一三巻、岩波書店、一〇一頁）と定義する事態・現象である。この詳細な組み立ては、後述する。

また次のようにも規定できる。「社会的文化的構成体は、人びとの対象的活動、一定の role（役割――引用者）の〝扮技〟として存立するところの intersubjektiv（間主体的――引用者）な、乃至は、むしろ zusammensubjektiv（共同主観的――引用者）な営みの物象化であり、かの四肢的構造聯関のダイナミックな過程的総体、如実に存在するのは、原基的にはこの一全体であります」（同、一八九頁）。

これがまず第一の定義だ。

この場合、問題となるのは、「物象化」の基本的位置づけである。

●――「物象化」とは何でないか

そこで廣松の「物象化」の定義をふまえ、次に、何が「物象化」ではないか、よくいわれる「物化」とそれはどのように違うのか、廣松が論じているこの点をみていこう。

「欧米の論者たちのあいだでは、今日でもしばしば『疎外』と『物化』とがほぼ同義に用いられている例に出会う。その点、近年の我が邦においては、両語を全くの同義語に用いる例は殆んど管見にふれないが、しかし『疎外』と『物化』との〝連続性〟ないし〝補完性〟を強調する含みで『疎外＝物象化』論という標記がなされたり、〝物象化というのは疎外の一特殊形態である〟〝物象化は疎外の下位概念にすぎない〟と言われたりもする。

筆者としては、論者たち固有の用語法に節介する存念は毛頭ないが、少なくとも、後期マルクスの物象化概念は初期マルクスの（ヘーゲル学派的なそれの大枠内にあった）疎外概念とは……明確に区別されるべきものと了解しており、論者たちにおいて『疎外』と『物象化』とが大同小異とされる所以のものは、論者たちにおける（『疎外』概念がヘーゲル学派的な論理構成を殆んど慮外に措いている概もさることながら）〝物象化〟概念が依然として『主体―客体』図式の埒内で〝主体的なものの客体的定在化〟という構図で措定されているところにあると思う」（同、七〇～七一頁）。

では、どのようなものが廣松の規定する「物象化」と違うのか。

「惟うに、人々が〝物化〟ないし〝物象化〟ということを語るさい、……普通には次のごとき三層が主として表象されているように見受けられる。

（1）人間そのものの〝物〟化。――……単なる機械の付属品になってしまっているとかいうような状態。……事物と同様なものとして扱われる状態……。『人間が物的な存在になってしまっている』と看ぜられる。

（2）人間の行動の〝物〟化。――たとえば、駅の構内での人の流れや満員電車のなかでの人々の在り方など、……これは或る屈折を経て、行動様式の習慣的な固定化にも通ずる。ここでは、本来人間の行動であるところのものが、個々の自分ではコントロールできない惰性態になっており、主体的意思行為に対して〝自存的抵抗性〟をもつようになっているという意味で『人間の行動が物的な存在になってしまっている』とされる。

（3）人間の力能の〝物〟化。――たとえば、彫刻とか絵画とかいった芸術的作品……など。ここでは、元来は人間主体に内在していた精神的・肉体的な力能が、謂わば体外に流出して物的な外的存在となって凝結するとでもいった意味あいで『人間の力能が物的な存在になっている』と表象される。

これら〝常識的な〟物象化＝物化の想念においては、主体（人間）と客体（事物）という二元的区分の図式が大前提にあって、『主体的なものが物的なものに転化する』という想念で〝物化〟が表象されている。……マルクスの場合、初期においては右のような意味合いで物化・外化・対象化を語っているケースが現にみられる」。とはいえ、後期マルクスの『物象化』概念は、その概念内容に即してみるとき、右に謂う〝物化〟とはおよそ異質な発想と構制にもとづくものになっている。後期マルクスにおいても、「もとより卻けられるわけではない。

後期マルクスの謂う『物象化』は、主体的なものがストレートに物的な客体的存在へと転成すると言った『主体—客体』図式に立脚した発想ではなく（もしやそうであるならば、成程、物象化とは所詮『疎外の一形態』ということになろうが）、それは、われわれ流の言葉でいえば、『関係の第一次性』という存在了解に定位しつつ、フュア・エスとフュア・ウンスという構制に俟つ規定態である」。

フュア・エスとは、「当事者的日常意識」のことであり、フュア・ウンスとは「学知的反省（の見地）」の謂いである。

「マルクスの謂う物象化は、（フュア・ウンスにとっては——引用者）人間と人間との間の間主体的な関係が（フュア・エスにとっては——引用者）〝物の性質〟であるかのように錯認されたり（例えば貨幣のもつ購買力という〝性質〟)、人間と人間との間主体的な関係が〝物と物との関係〟であるかのように倒錯視される現象(例えば、商品の価値関係や、多少趣きと次元を異にするが、『需要』と『供給』との関係で物価が決まるというような現象)などの謂いである。このさい、人間と人間との間主体的な関係といっても、それはもちろん、いわゆる対象的存在から引離された人間どうしだけの裸の関係ではなく、況んや、静的・反省的な認知関係ではなく、対象的活動における動力学的な関わり合いであり、機能的相互聯関であって、『対自然的かつ間人間的な動態的関係』である。——後期マルクスにあっては、近代哲学流の『主体—客体』関係のもとでの前者から後者への転化といった発想で『物象化』が云々されるわけではない。……人々の間主体的な対象関与的活動の或る総体的な連関態が、当事者的日常意識には(そして、また、システム内在的な準位にとどまっているかぎりでの)体制内的〝学知〟にとっても)、あたかも物どうしの関係ないしは物の性質ひいては物的対象性であるかのように映現するということ、このフュア・ウンスな事態、それがマルクスの謂う『物象化』なのである」。

先の、(1)〜(3)も、それは、「機械の付属品」というものも、行動の物化も、主体的力能の物化も、それらは、人と人との関係が生み出したものであり、(3)などは、間主体的な美意識・価値評価が生み出したものである。それらはすべて、間主観的連関態にほかならない。したがって、「〝主体的なものの物的な存在への転化〟、つまり、いわゆる『疎外論』の構図と類同的な俗流的〝物化〟という想念そのものが、実は間主体的な対象関与的連関態の屈折した仮現に幻惑されたものとして、対自的・批判的に剔抉さるべきもの、そして、時に応じてはその物神性《フェティシスムス》の秘密を究明さるべき一与件たるにほかならない」ものであるということだ（同、七〇～七四頁）。

●――「当事者の日常的意識」と「学知的反省」の立場

もう少し、「当事者の日常的意識」（フュア・エス）と、「学知的反省の見地」（フュア・ウンス）との関係の問題をみていこう。

「関係の物象化と言っても、関係なるものが物象的存在体へと文字通りに生成転化する謂いではないこと、このことは今あらためて断るまでもあるまい。物象『化』、この『化成』は、当事者の日常的意識において直接に現識される過程ではなく、さしあたっては、学知的反省の見地において省察的に認定されることがらである。当事者の日常的意識においては物的な関係・物性・成態の相で現前するところのものが、学理的反省の見地からみれば、人と人との関係の屈折した映現、仮現的現象であること、実在的に存在するのはひとまずこの共時的・構造的事態までである。ここにあっては、学知的反省の見地からみるかぎり、真実態であるところの関係規定態が、当事者の直接的意識に対しては、物象的な相に変貌・変化して現前している、という構制が認められる。この物象的な相貌への変容の機制に徴して、学知的反省の見地から物象化を云為する所以なのである。――人はここにおける『真実態―仮現相』の構制を『本質―現象』という構制で把えることもできよう。だが、ここに謂う『本質（Wesen）＝真実態』と『現象』との関係は、通常の『本質―現象』

論で思念されているごとき、『本体―見掛』関係とは存在論的含意を異にする。『本質』は〝本体的実体〟ではなく、また、〝模像と同型的に対応する原像〟といった自存体ではなく、現象とはおよそ似ても似つかぬ『関係規定態』である。このことに留意を要する。――この意味における『物象化』の事態にあっては、学知的な反省の見地からみるかぎり、当事者に対して客観的・対象的な相で厳存する物象は仮象たるにすぎず、そのまま実在するものではない。とはいえ、学知的反省の見地からみてさえ、当の仮象は決して単なる恣意的妄想ではなく、一定の実在的関係態に存在根拠をもつものである。そして、当事者たち自身にとっては、当の〝物象〟は単に現存的に覚知されるだけでなく、まさしく〝現存する物象〟的存在として、彼らの実践的行動を現実的に規制する。学知的観察者の見地からは如何に認定されようとも、当事主体たる本人たちにとっては〝物象〟はあくまで客観的・対象的に現存する物象なのであり、この〝物象〟が彼らの日常的生活実践を直截に規制する。……物象化せる存在態は……通常は、自然物に附帯した相で、現与の対象的存在が〝単なる自然物〟以上の或るものである所以の〈或るもの〉の相で覚識される」（同、一〇四〜一〇五頁）。

そこで今度は、この「単なる自然物以上の或るもの」として規範的拘束力の機制が解かれることが課題となる。

そこで「規範的拘束」という言葉を中心に物象化を考えてみよう。

「人間行動の規制のうち、実在的・事実的なザイン・ミュッセンの制約以外のもの、違反することが実在的・事実的には可能であるにもかかわらず、所謂〝社会的圧力〟のために通常は随順させられてしまうごとき慣習《ノモス》的拘束（フュア・ウンスには、〝内面化されたサンクショナルな規制に則った自己拘束〟）の全般を『規範的拘束』に算入する」と廣松は言う。

「例えば〝人前に素裸で出ることは能《よ》くできない〟とか〝人肉を喰らうことは能くできない〟とか、……実在的には現に可能であるにもかかわらず、慣習的・習俗的・道徳的・規則（ルール）的・法律的……な当為的規制による拘束の全般をここでは『規範的拘束』と呼ぶことにしている次第である」。


人びとの行動は、さまざまな「規範的拘束」に規定されている。「その結果、所与の〝舞台的道具的条件〟下における人々の行動というものは、微視的にみればいかにも多岐多様であれ、巨視的にみれば極めて限定された大枠内に概ね納まってしまうのであり、故に〝合成力〟の〝方位〟が劃定される所以となる。——われわれは、以上の行文においては『事実的制約条件』と『規範的拘束条件』とを二元的に峻別するかの流儀で綴ってきたが、しかし、実をいえば、両者は二元論的に峻別さるべきものではない。〝舞台的環境〟といっても、そのうちのいわゆる〝自然〟的契機ですら、先行諸世代の活動によって〝変様された自然〟であるし、舞台には他人たちも登場するのであって、既成の対象的存在相で現前するとはいえ、〝舞台的環境〟とは、そのじつ、『対自然的かつ間人間的な機能的諸関係』の物象化されたものにほかならない。そして現実問題としては、この舞台的環境そのものが既にそれ自身〝規範的拘束力〟をも帯びている。〝道具的条件〟がこれまた同断であることは、絮言するまでもあるまい。〝規範的条件〟も、先行諸世代の活動を通じて形成され、サンクショナルな間主体的関係の場で〝再生産〟される共同主観的形象にほかならず、これまた諸個人にとって、外部に自存しつつ拘束力を及ぼす或るものの相で物象化されて覚識される。そして、規範的に拘束された行動が舞台的条件の変様的再生産の一要因になるかぎりでは、また、舞台的条件が規範の在り方を制約するかぎりでは、両者は相互媒介的である。が、物象化された相に則して言うかぎり、〝舞台的・道具的〟な実在的・事実的条件が基底であり、〝規範的〟な観念的・価値的条件は第二次的形成態として位置づけられる」（同、一二二～一二三頁）という。

ここでポイントとして、おさえておくことは、共同主観的な形象が諸個人にとっては、外部に自存しつつ拘束力を及ぼすものの相で物象化されると廣松が言っていることである。

例えば〈国家〉という舞台的環境も、対自然的かつ間人間的な機能的諸関係が物象化・実体化したものであり、〈階級的諸関係〉という間人間的諸関係が、その場合、もっともキーになる概念だ。だがそれはまた、〈階級国家〉という相貌ではなく、〈共同体〉という形象において、あるいは、〈法〉という規範において、超階級的に普遍的正義をもつものとして覚識される運びとなる。

ここで物象化という場合の対象域をみておきたい。

物象化は次のように、総論的な問題圏を形成している。

「著者としては、しかし、マルクスの業績を継承的に拡張しつつ、『制度』の物象化、『規範』の物象化、『権力』の物象化、ひいては、『技術』『芸術』『宗教』などの物象化をも射程に収めようと図る。――しかも、そのさい、制度といっても、部署・地位・身分の編成といった狭義の制度だけでなく、また、家族・社会・国家といった次元だけでなく、デュルケームのいう Institution すなわち『言語』などをも含む最広義の制度を念頭においている。また、規範といっても、習慣や習俗から道徳を経て法にいたる一切の規範的有意義態を念頭においている。等々。――要言すれば、一切の経済的・社会的・政治的・文化的な歴史的諸形象《ゲビルデ》の物象化を、統一的な視座、統一的な原理、統一的な方法のもとに論究しようと志向する。この志向の故に、著者の場合、『役割論的構制』を導入することが不可欠の戦略的要件となる。

今ここでは、役割論的構制に則して各種の『実践的次元における物象化』がいかように解明されうるか、これの各論にまで立ち入る、あわただしさを欠くが、『舞台的与件の各種的価値相の物象化』（これらの『物象化』は、後述する――引用者）、『役割関係の制度的物象化』、『役割行動におけるコードの規範的物象化』、『役割行動の遂行にともなうサンクションの権力的物象化』、『役割編成態の通時的動態の歴史的物象化』……等々、役割論的構制の構造的・機能的な諸契機の物象化という視角から『実践的次元における各種の物象化』にアプローチしうるであろう」（同、二六七頁）とのべている。つまり、およそ社会的諸関係―人間のいとなむ協働連関のすべてにわたっての「物象化」を対象とするというわけである。

●――分業の自然発生的状態

では、それは、どのような前提をもって、現象することになっているのか？　廣松は、マルクスと初期エンゲルスの『ドイツ・イデオロギー』から、かかる物象化を定義する。以下の廣松による援用箇所は、『ドイツ・イデオロギー』（廣松渉編訳、小林昌人補訳、岩波文庫）の六九～七〇頁にあるものだ。

「唯物史観によれば、歴史が歴史として存立するのはこの構造成体の物象化においてであって、マルクス・エンゲルスは、これを次のように表現しております。『社会的活動のこの自己諦着、われわれ人間自身の産物が、凝固して、われわれの統御をはみだし、われわれの予期に齟齬をきたしめ、われわれの目算を狂わせてしまう物象的な力となること、……この社会的な力……つまり、さまざまな諸個人の、分業に規定された、協働によって成立するところのこの力は、協働そのものが自由意志的でなく自然性的であるが故に、諸個人に対して、自分たちの、結合された力としては現れず、疎遠《フレムト》な、自分たちの外部にある力として現われる。諸個人は、この力の来しかた行くすえを知らず、それゆえ、諸個人はこの力を統率することができないどころか、逆にこの力の方が、人間の意志や動向から独立な、いや、人間の意思や動向を主宰する固有の道順を辿る一連の展相と発展段階を閲歴するのである』云々。

『歴史の哲学』がディアクロニックな法則定立的な体系を構築しうるとすれば、それはこのintersubjektives Zusammenwirken（間主観的な協働——引用者）の物象化に拠ってであります」（同、一八九〜一九〇頁）ということになる。

●——社会的諸関係の物象化と四肢構造

こうした社会的諸関係の物象化は、現相的所与（実在的所与）—意味的所識（意義的価値）成態の対象的二重性から説明すると、立体的な像として理解することができる。

まず、その基本となる構図を画くことからはじめよう。

「人びとの対象的活動は、さしあたり一つの〝自然現象〟として、既存の自然的聯関に或る変異をもたらしますが、この〝自然現象〟は即自的に道具的有有意義性をもつだけでなく、社会的有意義性をもちます。例えば、鹿を追っている未開人のグループの一人が首尾よく一頭を射止めたとします。この〝自然現象〟は、しかし——いま技倆的価値や道徳的・美的な価値などは措くとして——メンバーたちがもはや他の鹿を追う必要のないこと、この射止めた鹿に対して今までとは違った仕方で対処すべきこと、等々、等々、etwas Mehr な社会的意義をもち、人びとの『実践的な構え』の変更を〝強制〟します。因みに、この〝強制〟は自然的・物理的な強制ではなく、社会習慣的な強制であり、いわば〝社会的行動の文法〟に則っておこなわれます」（同、一九〇頁）。

「人びとの対象的活動は……単なる道具的有意義性をもつだけでなく、同時に社会的有意義性をもつものとして、——使用価値の生産が同時に価値の生産と相即する商品世界の対象的二重性はこれの一様態にすぎないのですが——二肢的二重性において存立します。……一般に誰かが或る役をつとめるということは他人をその役から排除することを意味し、この側面から見ても或る人の行為が他の人びとの、そして自分自身の、その後の行為様式、『実践的構え』の変更を〝強制〟することになります」（同、一九一頁）。

この商品世界における、使用価値と価値との対象的二重性は、つぎのように、解くことができる。商品生産者が商品を売買すると言った場合、「それの生産に実際に何時間かかったかにかかわりなく『現存の社会的・標準的な生産諸条件と労働の熟練および強度の社会的平均度とを以ってそれを生産した場合何時間かかるか』、このいわば das Man が要する労働時間に換算されて交換の比率が決定されます。この際、しかし『人びとは、彼らの労働生産物を同種な人間的労働の単なる物象的外被だと見做すが故にこれらの物象を諸価値として相互に関係させるのではない。逆である。彼らは、異種の生産物を交換において諸価値として等値することによって、彼らの様々な労働を〈抽象的〉人間労働として等値する』のであります」（同、一七二頁）。

「商品世界においては、人びとは同格な商品所有者として登場しますが、商品交換は遡れば労働と労働の交換であって、商品世界における人びとは、〝社会的に必要な労働を遂行することの可能なる者〟、という建前で現われることになります。すなわち『抽象的人間労働』をおこないうる者として、その主体として、いわば das Man として現われます。……このような、二重化された『人格と人格との関係が、物象と物象との、労働生産物と労働生産物との、社会的関係に変装されて』現われたもの、それが価値関係にほかなりません」(同、一七二~一七三頁) という二重性を持つことになる。

「労働生産物が価値物として存立するのは、労働の主体が das Man として gelten (関係——引用者) することにおいてであり、使用価値が価値物 (交換価値——引用者) として、有用労働 (使用価値の生産に対妥当する——引用者) が抽象労働の主体として、まさしく言語的交通と同じ二重の二肢構造 (都合、四肢的な存在構造) で存立するわけであります。

ここにおいては、先にみた通り、一見自然的存在性においてあるかにみえる使用価値や有用労働もこれまた社会化しており、しかもこの物象化されて現われるところの人びとの行為は——恰度、文法則に従って人々が言語活動をおこなうように、そしてその限りにおいてのみ文法則を存続せしめるように——歴史的社会的に規制されており、人びとはそれに服する限りでのみ、自己を維持しつつ、商品世界を商品世界として不断に再生産していきます」(同、一七三頁)。

このように「人びとの行動が一定の役柄の扮技として存立するということは……具体的有用労働の主体が抽象的人間労働の主体として社会的に gelten するのと類比的な構造においても、二重化して現われます。そして、この part-taking の物象化がかの対象的二要因となって二重の有意義性を担うものにほかなりません。こうして、人びとは、その都度すでに、歴史的社会的に存在被拘束的（seinsverbunden）な仕方で、誰かとしての役柄を演じつつ、与件をetwas Mehrとして……物象化的に措定することにおいて、共時・通時的な、かの動力学的な過程的聯関を再生産しつつ歴史的世界を存立せしめます」（同、一九一頁）。

この場合、問題となるのは、四肢構造を概念規定の対象としつつ、「物象化」の基本的定立と、その四肢構造的世界の物象化の前提となる事態の措定である。これを用在論としての四肢構造論でまとめると次のようになる。

まさにこれらの論点は、〈用在的世界の四肢構造〉という廣松の論理と、相即する（廣松渉『存在と意味』第二巻、岩波書店、第三章「用在的世界の四肢的相互媒介の構制」を見よ）。

世界は人間にとって何事かの「価値を担う」ために実在する何か、そういうものとして現象する何か（実在的所与）であり、それが人間の用具・用材として「意義」のある「価値」をもって捉えられる（意義的価値）のである。この「実在的所与―意義的価値」が用在的世界の「所与―所識」（その何かあるものが、そのもの以上の或る意味として認識されること＝etwas mehr エトヴァス・メーア）成態である。そしてこれに対し、この成態に対妥当的な認知・反応をおこなう者が、「役柄者或者」（この価値を、その所与―所識態と共演することによって、その所与をかかる所識として現象せしめるところの役割を装着した者）としての「能為的誰某」（だれかその人）である。

廣松のこの「用在論」での四肢構造の規定は、次のように資本主義の商品論に適用できるものにほかならない。

「具体的有用労働＝使用価値」―「抽象的人間労働＝価値（―物）」が、「実在的所与」―「意義的価値」という二肢二重性を構成し、これに対妥当する能知・反応をする役柄的実践主体（この場合、〈生産物を自然的存在性としてソコに存在するものとして作る者〉と〈その生産物を商品生産（他人のための――交換のための――生産物）としてつくる役柄を演じる者〉の二肢性）として、生産者（「役柄者或者」）―商品所有者（「能為的誰某」）として存立する。また、この場合、①生産手段の所有者としての資本家と労働力商品の所有者としての労働者が、②商品生産の主体として、つまり①と②の二重の「商品所有者」という存在をもって定位するという二肢二重性として論定することができる。

もちろん、ここでの経済学上のポイントは、宇野弘蔵の諸言をまつまでもなく、資本論における「冒頭商品」は、単なる単純商品の規定ではなく、〈商品―貨幣―資本〉という資本主義的生産にもとづく「資本主義的商品」であると規定されるように、この二肢性は、「所与―所識」成態がそうであるように、はじめから、この場合の「実在的所与」の独立性・区別性も、「意義的価値」の〈意味〉の構成要素として措定されるものにほかならないのである。

●――「役割――舞台」と四肢構造

以上のような構成をふまえ、〈役割――舞台――制度〉などのあり様をみていくことにしよう。

「〝自然〟と申しましても、そもそもZuhandensein たる限りでの自然であることを忘れてはなりませんし、私どもに現実に拓ける〝自然的環境〟は、田畑といい、森林といっても、文化化（クルティヴィーレン）された自然、いうなれば加工された〝自然〟であることを認めないわけには参りません。（それらは――引用者）永年にわたる人間活動の対象化の所産であり、いわば使用価値物となった限りでの〝自然〟であると云うことができます。この限りで、いわゆる〝自然的環境〟としての舞台や道具は、俳優本人にとっては既存の物的な与件であるにしても、人間の社会的協働的活動の対象化され物象化されたものであると申せます」。

廣松は「人生劇場」における人間の社会的役割行動にとっては、これら、自然的環境のみならず、「舞台・道具・筋書」には、「狭義の社会的環境、社会的形象が存在する」として、「制度」というものの機制を、次のように説いている。

「代議制度や司法裁判制度」などは、「自然環境以上に舞台として重要な地位を占めております」として、次のように言う。

「〝制度〟は、しかも、一見したところ諸個人から独立に、いわば自体的に存在するように映じます。少くとも、それが諸個人の行為に対していわば〝外的拘束力〟をもつことは確かであります。そしてこの点では、いわゆる社会的習慣や道徳のごとき一定の固定化をとげた社会形象は、いずれも同様に〝外的拘束力〟をもちます。しかるに、これらの社会的形象は、元来、人びとの行為（思考をも含めて）の様式がステロタイプ化されたものであること、人間的活動の対他対自的な在り方が膠着 sichfestsetzen し、物象化したものであること、……いわゆる『制度』も、これまた、人間活動の様式、演技の様式が固定化し、物象化されたものであると見做せます」と論じている。

こうして廣松は、「社会的形象」「社会的環境」は、「先行する他人たち（過去における自分自身を含めて）の行動様式の物象化、この即自的な協働のVerhalten〔関係行為〕の物象化によって成立し存立しているものであることが判ります」と論じている。

そしてこれが「人びとの演技に対する舞台や道具という与件となること、しかもそれが筋書きをもほぼ規制し、かつまた外的拘束的な〝客観的〟規制力として或る〝型〟の扮技を〝強制〟すること、……各人の行為は、彼がその型の役を扮技することにおいて……社会的形象・社会的〝自然的〟環境世界の物象化過程の一齣として機能すること、この側面をも同時に認めなければなりません。人びとは或る役割を演ずることにおいて、与件を新たな社会的形象として変様的に再生産するわけであります」（「物象化論の構図」、前掲、廣松渉著作集第一三巻、一八二頁以降）。

ここでポイントなのは、それが「人びとは、誰かとしての誰かとして、与件を変様的・再生産的に物象化していく、この四肢的に構造化されたダイナミズムにおいて謂うところの社会Welt〔世間〕が存立すること」と定義していることである。

つまりこれは、主観・客観の二元論的認証・創作行為ということではなく、それらの〝舞台〟は、用在的世界の四肢構造、つまり、「実在的所与――意義的価値」（その何か或るものを、そのもの以上のある意味として認識するもの。Etwas mehr エトヴァス・メーア）成態と、これに対し、この成態に対妥当する認知・反応をおこなう能知的主体が、「役柄者或者」（この価値を、その所与―所識態と共演することによってその所与をかかる意味をもった所識として現象せしめるところの役割を装着した者）としての「能為的誰某」（誰かその人）という「能為者誰某——役柄者或者」という二肢が対妥当するという構成でもって存立しているということにほかならない。

それらは、廣松が「現実には、財態（この場合、廣松がいう「財態」とは「世界現相の分節態（＝用在的財態《ツーハンデンザインデ・ギューター》）は、その都度すでに、単なる認知的所与より以上の或るもの（価値性を〝帯びた〟或るもの）として覚知されている」ものと規定されるものである（前掲、『存在と意味』第二巻、五頁）——引用者）の現前様態と主体の在り方とは雙関的・相互媒介的である。そもそも、『実在的所与——意義的価値』成態なるものと『能為者誰某——役柄者或者』成態なるものとを対置的な構図で把えることからして、本来的統一態を二極化的に分割したものであって、日常的意識への映現相に便乗した措置でしかない。が、敢えてこの対置的雙関の構図に即して記せば、財態『実在的所与——意義的価値』の現前様態は主体『能為者誰某——役柄者或者』の形成相在に応じて変様し、返っては亦、主体の在り方は財態の現前仕方に応じて変貌する。——財態の現前様態が主体の形成相在に応じて変容するというのは、さしあたり認知相の変様と言っても宜いが、しかし、その変様せる認知相（新しい認知相）に即しての実践的反応が生じ、この実践的反応によって財態に変化が生じ、この変化せる財態との認知的・実践的な関わりを介して主体の形成が進捗し……という次第で、それは単なる認知的変化ではなく、雙関的・相互媒介的な実有的変化である。この実有的変化は、しかも、単なる実在的契機における変化ではない。財態の側でも、主体の側でも、価値性の契機（すなわち、『意義的価値』および『役柄者或者』）の具体的な在り方の変化を伴う」（同、一九〇頁）と定義しているものにほかならない。

この場合、特に前提となっている考え方は、廣松の四肢構造での、人間の認識と存在の在り方は、根元的に、「共同主観化」されたものだということがポイントになる。「結論から先に申せば、感性的与件、というよりもフェノメナリスティックに開らける〝自然的世界〟は……即自的に歴史的・社会的に共同主観化されているというのが私の考えであります。いわゆる知覚的形象からして、既に、いうなれば記号化しており、歴史的・社会的に共同主観化されたetwas Mehrとして意識されます」（「物象化論の構図」、前掲、廣松渉著作集第一三巻、一八五頁）ということである。

●――まとめ①フュア・エス―フュア・ウンス機制と「物象」としての用在態

以上から、「物象化」概念は、次のように、まとめられる。

「物象化というさいの『化（する）』についてであるが、これまた日常的な観念では、水が氷に化するとか、毛虫が蝶に化するとか、酸素と水素とが結合して水に化するとか、いわゆる客観的な変化、つまり、能知的認識とは無関係に進行する客体的過程の相で表象される」。だが著者が言う物象化は「このような〝純然たる客体的変化〟ではない。学理的観察者の見地にとって（für uns――フュア・ウンス、引用者）一定の関係規定態であるところの事が、直接的当事意識には（für es――フュア・エス、引用者）物象の相で映現することの謂いである。――但し、このさい、映現《シャイネン》というのはあくまで学理的省察の見地から言ってのことであって、当事者にとっては直截に〝物象の相で存在する〃と言われうる。〃物象の相で存在する〃ということは、単なる認知的事態ではなく、当事者にとっては、彼の感情や意思はおろか、行動をも規制するごとき相で、〃存在〃することを意味する。——斯かる事態を称して学知的省察者たるわれわれにとっての関係（Verhältnis für uns）が当事者にとっての物象（Saghe für es）と『化する』という言い方をする次第なのである」（同、二四四〜二四五頁）。

その場合、「物象」は「実在態」「意義態」（実在態と意義態は、「存在」のあり様であり、実在態は「物的」「心的」な実在として、意義態は、「意味」「価値」をもつ有意義的な実在として〈思念される〉ものである）と、実在態に意義態が「受肉したものと思念されているもの」としての「用在態」として現象する。

「物象性の徴標としては、①能識的認知から独立に存在すること、いわゆる『客観性』、②人間的主体から独立に自存すること、いわゆる『客体性』、③内自的な『合則性』（Gesätzmäßigkeit すなわち、それ自身で自足的に具えている構造的聯関性ないし法則的連関性）を共通に挙げることができる。が、これら三者に加えて、（後述するように——引用者）（イ）実在態は、④時空間的、⑤没意義的、（ロ）意義態は、④′超時空間的、⑤′有意義的、（ハ）用在態は、④時空間的、⑤′有意義的であるものと思念されている。

『物象化』とは、……右に規定したごとき『物象』的存在、すなわち、実在態（①②③＋④⑤）ないし意義態（①②③＋④′⑤′）ないし用在態（①②③＋④⑤′）へと、先述の意味で〃化する〃ことの謂いにほかならない」（同、二四六〜二四七頁）。

さて、以上の規定を解法していこう。

●――まとめ②「実在態」と「意義態」は「用在態」として現前する

まず「実在態」の規定である。

「われわれの見地にとっては(für uns)いわゆる物的実在態それ自身が物象化の所産なのである。すなわち、客観的に自存する物的実体、そのような実体の具備している物的性質、そのような実体の間に成り立つ物的関係、自然科学が対象とするこれらの物的実在態それ自身が既にして物象化の所産にほかならない。……いやしくも現実に認識されているかぎりの物的実在態は、さしあたり『現相的所与―意義的所識』成体が自存化されたものであるというのが実情である。ひとまず端的に言い切っておけば、自存的な客観相で思念されているいわゆる実在態なるものは、真実には『能知―所知』関係態(剴切には、『存在と意味』第一巻で縷説《るせつ》したごとき『能知・能識―所与・所識』の四肢的関係態)が物象化された被媒介的所産なのである」(同、二四七~二四八頁)。

次にこの、「実在態」の解法をふまえて、「用在態」概念の内容規定、「意義態」の位置関係について見ていこう。

「右の断案に裏付けを与えるためにも議論を一歩先へ進めよう。先刻来、近代流の視界に半ば妥協する流儀で、『実在態』と『用在態』とを峻別する議論の運び方をしてきたのであるが、実を言えば、人々が没意義的な実在態として思念しているところのものも、実際には既に、一種の用在態である。……およそ認識可能な対象態は、少なくとも『現相的所与─意味的所識』成態であって（この間の事情については、『存在と意味』第一巻の『緒論』および第一篇第三章第一節、さらには第二篇第二章第二節、第三篇第三章第一節などを参看されたい）、そこには、意味的所識という意義態の一種が既に〝受肉〟しているからである。──人々が『用在態』と区別して『実在態』を思念しているさい、そこでの実情は、用在態から『価値的意義』を捨象したかたちになっているが、ここにあっても『意味的意義』は、構造内的契機をなしている。……人々に現実に現前する対象態は、当の『捨象』以前的な現相であるからして、価値的有意義性をも〝帯びて〟おり、現実には、語の広義における『財的用在態』であることが指摘されなければならない。……没意義的な実在態（用在態ならざる純粋な実在態）なるものは、……意義性の契機を捨象しつつ〝学理的に〟措定・構成された第二次的な成態にすぎないのである。

こうして、既成的思念を卻けつつ実態を省察するとき、現実に直接的な相で現前する現相態は、いわゆる〝自然界〟の分節肢たる〝自然物〟をも含めて、実は『意義性』（意味性・価値性）を〝帯び〟た『用在態』である」（同、二四九頁）ということになる。

最後に「意義態」の位置づけについて、必要なことをおさえておこう。

「『価値』、一般化していえば『意義態』なるものが独立自存するとみるのは物象化的錯視であって、それは……まさに一定の社会的関係の屈折的映現なのである。それは当の社会的関係という現実に基盤をもつものであって、決して単なる幻想的妄念ではないが、しかし、超関係的・超自然的な価値なるもの、意義態なるものが客観的に自存するとみなすのは物象化的錯認である」。まさに、für es な視座におけるイデアールな意義態は、für uns には『人々の対自然的かつ相互的な諸関係』が物象化的に映現したものにほかならないのであると廣松は言う（同、二五八〜二五九頁）。

まさに、実在態と意義態は、用在態として、現前することが、おさえるべきポイントということになる。

廣松はここで言う「価値的有意義性」を次のように、分節している。

「価値的有意義性、つまり、広義の『価値』と言うさい、著者としては、(a)『欲動的』、(b)『評価的』、(c)『実践的』。(d)『評定的』、(e)『審美的』、(f)『信仰的』の諸価値を区別する。(a)は、快・不快のごとき好悪《こうお》的情動評価からいわゆる効用的使用価値までを含み、(b)は Wertung（評価――引用者）に関わるものであって、広義における〝経済的〟収支価値、生態学的価値をも含む、(c)は、目的・手段的、当為・規範的、正義・責務的……等々。(d)は、beurteilen（判定――引用者）される真偽・良否・正邪、等、(e)は、美・醜、崇高・低劣……等、(f)は、聖・俗、絶体・相体……等、である」（同、二四九頁）とされる。

以上が、廣松哲学における「物象化論」の概略と本論著者（渋谷）が考えているものである。

最後に、これまで見てきた物象化を対自化し、物象化の社会的基礎としてある役割分業の機制を超克する展望として、廣松が論じているものを、おさえておくことにしよう。

●――物象化を対自化し役割分業の機制をこえてゆく方途として

これまで見てきたように、分業の自然発生的な構制といったものを前提として、分業的に編成されている社会関係・制度といったものが、一つの物象化された相であらわれる。フュア・エス（当事主体）にとっては、そうした社会的諸関係は、自存する物象化された強制力としての制度（権力）として現前するのである。そうした物象化を解体してゆくためには、「固定化された分業が廃止されなくてはならない」と廣松は述べている。

以下は、「宇野経済学方法論をめぐる問題点」（前掲、廣松渉著作集第一三巻、所収）の「未来社会の編制と対自化」での、廣松の論究である（三一〇頁以降引用）。

物象化の対自化ということでは、「職業や地位の固定化、ポジションの属人的固定化の廃止」ということが要件になると廣松は言う。そこで、その基礎構造如何については、共同体の在り方の問題を軸として、考察するということになる。

「過去におけるゲマインシャフト（有機体的全人格的共同体――引用者）というのは、おそらく原始共同体においてすら、生物有機体にでもなぞらえ得るような有機的なアイン・ハイト（統一）であったかもしれないけれど、共同体的規制が強くて諸個人の自由の余地は非常に限られていた。社会的分化が起こって来ると、職業が固定化され、流動性がなくなる形になった。……職業、つまり社会的分業におけるポジションが身分という形で物象化されていた。その点、資本主義社会になりますと、ある程度、俗にいわれる〝職業の自由〟みたいなものが出て来る。……例えばプロレタリアはプロレタリアートのワクの中で、ある意味からすると流動性が出て来るわけです」。しかし、身分的な上昇は、「ヒエラルヒー」を形成し、「官僚制プロパーについてもいえる」ような序列を創り出していると、廣松は論じる。

前近代社会における「身分」は、その人が持っている「個人の自然的属性」のようにも考えられていた。そこからすれば、資本主義社会の流動性は、「ひとつの歴史的な発展」だとも廣松は論じている。

この点は本論論者としては、つぎのように、改釈すべきものと考える。

資本主義社会の規定をなす、「労働力の商品化」という観点から見るならば、封建社会の農民が、生産手段である土地と分離され、また土地への従属からも解放された、二重の「自由」をえたプロレタリアとなること〈資本の本源的蓄積〉によって、むしろ「職業の自由」を得るということにあるのであり、それは、利潤をあげるものならば、どんなものでも生産する資本家的商品生産社会において、まさに、〈実体〉として固定された身分ではなく、むしろ〈関係〉としての〈資本〉の生産過程に従属した「労働力商品」としての労働者の階級的特質をなすものとして捉え返されるべきものとしてである。つまり、ゲゼルシャフト〈機能主義的利益社会〉である資本主義社会は、この流動性において労働者階級を支配するのである。その最たるものが、新自由主義の非正規雇用形態にほかならないということだ。

そこで廣松が言う「規格品化された部品の取り換え」といっているのは、そういう意味として了解すべきだ。

そこで廣松は、「将来の共同体」を次のように言う。

「将来におけるゲマインシャフトは、ロール〈役割役柄——引用者〉の編成態がステイタスというかたちで、属人的に固定化されることのないような、その意味での流動性のある編制にならなければならない筈です。それは、前近代的な共同体が有機体の比喩で、近代的な市民社会が部品の入れ替えのきく機械の比喩で表されるのに対して、未来の共同社会は……単純なかつてのゲマインシャフトへの復帰ではない。〝自由な諸個人の Assoziation〟でありながら、調和のとれた有機的な一体性をもっている、そういう共同社会の建設でなければならないと思います」として、属人的に固定化された分業の廃止を、〈諸関係〉の〈制度〉と言う物象への映現を相対化する機能として捉えようとする。

そこで、こうした考え方をふまえた上で、疎外論者が言う「疎外からの解放」ならぬ、「物象化からの解放」ということを、どう考えるのかが、本論の要件をなすことになるだろう。

「〝物象化からの解放〟というのは、ひとつのスローガンとして言っていいと思うのですが……ロール＝役割の編成態が、各人の営為に対してはとかく外的な既成態として、拘束的な与件として物象化される傾向性そのものは、いつまでもつきまとう。……しかし、それが桎梏的な形に凝固するような物象化は、アウフヘーベン〈止揚——引用者〉されなければならないし、未来社会においては、そういう形態での物象化は克服される筈です。その意味で〝物象化からの解放〟ということが、スローガナイズされると思います。……〝物象化からの解放〟をスローガンにしていることと自身、物象化が桎梏になっている社会の中で、その物象化をマイナスの価値として評価して、それの克服を志向しているという立場的イデオロギーに即した言い方であることが、自覚されていてしかるべきだと思います」ということである。

まさに「協演的協働態勢」としての社会体制を変革するためには、「それの編制基軸をなす舞台的場面、とりわけ役割編制の物象化されたいわゆる社会的制度機構、これの革命的変革が要件をなします」（『新哲学入門』、岩波新書、二一七頁）ということになる。

こうした物象化の最たるものが、階級抑圧的諸関係が現象させている物象たる「国家権力」であることは明確だ（これについては、拙著では、『エコロジスト・ルージュ宣言』、社会評論社、第一章「資本主義国家批判の方法について」を参照せよ）。これで、物象化論に関する必要な論述を終わることにする。

第二部

「ロシア・マルクス主義」批判と生態系の思想

第四章●——ロシア・マルクス主義の法則実在論と実体主義的科学観

相対論・量子論に学び、関係主義へ

第一節　実体主義か、関係主義か

●——レーニンの「絶対的真理論」と素朴実在論

ロシア・マルクス主義の法則実在論を問題にするという場合、もともとのロシア・マルクス主義の前衛党思想の根底にある「絶対的真理論」が問題となる。その原点がレーニンの『唯物論と経験批判論』（以下、引用はすべて国民文庫版、第一分冊から）である。

一九〇八〜〇九年にかかれたこの論文は、マッハ哲学をもってマルクス主義を豊富化することをめざしたボグダーノフを政治的に排撃するために書かれたものである。もともとは、ボグダーノフとプレハーノフの間における論争として展開されていたものにレーニンが介入するという形で展開された。ボグダーノフはカントの「物自体」を肯定したプレハーノフに対して、要素一元論のマッハに依拠してプレハーノフを批判していたのである。つまり、「物自体」などというような、現象の〈裏側〉で本質として存在し、その本質が諸関係を現象させていると思念するような、ものなどはないとプレハーノフを批判したのがボグダーノフだったのである。

当初レーニンはこの論争を静観していた。だがボグダーノフと政治的に対立（国会の政治宣伝の場としての利用を表明するレーニンと、急進的闘争を表明するボグダーノフの対立）するにいたってからは、この論争に介入し、マッハの「感覚」概念を「主観的観念論」とレッテル張り、批判をするにいたったということだ。本論ではそのボグダーノフ、プレハーノフ、レーニンをめぐる論争の脈絡にはこれ以上は立ち入らない。本論では、レーニンがその中で「絶対的真理」論を論じた部分をあつかうものとする。

レーニンのポイントは、素朴実在論にもとづく主客二元論を論定し、これにもとづいて客観的に実在する自然（物質）が因果論的に一義的な法則的決定性をもって運動していること、この「法則」を「真理」と規定する。そしてかかる絶対的真理が脳に反映するという真理の認識論を論じているのである。

レーニンはかかる素朴実在論にもとづき、客観的（―絶対的）真理概念を法則の客観的実在という考え方から規定するのである。

「客観的な、すなわち人間および人類から独立した真理をみとめることは、なんらかの仕方で絶対的真理をみとめることを意味する」（同、一七四頁）。「科学の発展におけるおのおのの段階は、絶対的真理というこの総和（相対的真理の――引用者）に新しい粒をつけくわえる」（同、一七七頁）。「現代の唯物論（「弁証法的唯物論」といわれているもの――引用者）、すなわちマルクス主義の観点から見れば、客観的・絶対的真理への接近の限界は、歴史的に条件づけられている。しかし、この真理の存在は無条件的であり、われわれがそれに近づいてゆくことは無条件的である」（同、一七八頁）。

では、こうした真理の認識とは何をどのように認識することなのか。

レーニンは次のように論じている、

「フォイエルバッハは、秩序、法則、その他のものにかんする人間の観念によってただ近似的にだけ正確に反映される、自然における客観的合法則性、客観的因果性を、認めている」。「フォイエルバッハは……自然における客観的な合法則性、因果性、必然性の否定を、公正にも、信仰主義の流派に帰属させている。……自然の客観的合法則性と人間の脳におけるこの合法則性の近似的に正確な反映とを承認することは、唯物論である。……エンゲルスが自然の客観的な合法則性、因果性、必然性の存在にかんしてわずかばかりの疑念をもゆるさなかった、ということは明白であるにちがいない」（同、二〇七〜二〇八頁）。

こうした一義的な因果律とこれにもとづいた必然性の認識が「法則」の解明だとされるのである。相対的真理にせよ絶対的真理にせよ、レーニンにあって「真理」とは客観的に実在する「法則」にほかならない。「弁証法的唯物論にとっては相対的真理と絶対的真理のあいだにこえがたい境界は存在しない」（同、一七八頁）となる。つまり因果律的必然性の認識が真理の認識としてめざされているということだ。法則の客観的実在という「法則」なるものを実体化した実体主義に落ち込んでいるのである。

「エンゲルスにあっては、生きた人間的実践のすべてが認識論そのもののなかに侵入して、真理の客観的基準をあたえる。……（自然の――引用者）法則をひとたび知ったならば、われわれは自然の主人である。……人間の実践のなかに現れでる、自然にたいする支配は、自然の現象や過程が人間の頭脳のなかに客観的にただしく反映した結果であり、この反映が（実践がわれわれにしめすところのものの限界内では）客観的・絶対的・永久的な真理である、ということの証拠である」（同、二五七頁）。

こうした素朴実在論は、物体の客観的実在を時間・空間概念にも展開するものとなる。

「世界には運動する物質以外のなにものもなく、そして運動する物質は、空間と時間とのなか以外では運動することができない」（同、二三六頁）。後述するように、あきらかにニュートン古典力学の共同主観性のもとに論じられていることがわかる。

「われわれの発展しつつある時間と空間の概念が客観的＝実在的な時間と空間を反映するものであり、ここでもまた客観的真理に接近する」（同、二三八頁）。ここからレーニンはマッハを次のように批判している。

「感覚をもった人間が空間と時間のなかに存在するのではなくて、空間と時間が人間のなかに存在し、人間に依存し、人間によってうみだされる、マッハによるとこうした結論が出てくる」と。これは完全な誤読だ。そして、マッハがニュートンの「絶対時間・絶対空間」を批判したことに対し、「マッハの時間と空間についての観念論的見解こそが『有害』である」と論じるのである（同、二四一〜二四二頁）。

こうしたレーニンのような素朴実在論とか、法則実在論、実体主義的な時間・空間概念といった理解が、二〇世紀の相対性理論誕生（特殊相対性理論は一九〇五年、一般相対性理論は一九一五年）と平行する時間のなかで、これを学的に把握することができなかった、あるいは客観的に評価することが歴史的な被拘束性ゆえに不可能であったレーニンによっていわれているということなのである。このレーニンの言説それ自体を自立化させて分析するならば、二〇世紀の科学論の展開を完全に見誤ったものでしかないという以外ないものである。

●——古典力学の自然観を克服したマッハの先進性——広重徹の分析

だがマッハの言説を主観的観念論などといっているかぎり、二〇世紀の物理学の道筋はまったく理解できないものとなる以外ない。例えばマッハのニュートン古典力学思想——力学の諸原理を人間認識の外に、客観的に実在する数学的真理と考える自然観——に対する違和がアインシュタインの相対論（本論で後に検討する）の契機をなしたのである。広重徹の「相対性理論の起源」（『相対論の形成』みすず書房、所収）にも明らかなようにアインシュタインの相対論は彼がマッハに応接することによって切り開かれたのであり、この相対論の時間・空間論を肯定することは、マッハ哲学の特徴とフレンドな関係に入ることを意味するのである。

＊「マッハ―アインシュタイン問題」――マッハとアインシュタインの同一性とはなにかをめぐる論争――をめぐって、以下の広重説は廣松の分析と異同がある。廣松は「相対性理論の哲学」の最終節、「現時点からの自家評釈」というところで広重説への異同を表明している（廣松渉著作集第三巻、岩波書店、四四七頁以下。例えば「マッハの『力学的自然観批判』が、アインシュタインの相対性理論と論理的構制上これというほどの関係があるとはとうてい言いがたい」など）。本論としては、ニュートン力学的自然観からのテイクオフという問題意識を第一とし、廣松・広重両者の折衷ということではなく、どちらからも学ぶという立場をとるものとする。したがって――少なくとも現時点では――廣松・広重説の異同には、それとしては、立ち入らないこととする。

例えば広重徹は次のようにのべている。

「一九世紀の人々は、自然現象がすべて力学的に解明されるべきなのは、偶然的に事実上そうなのではなくて、論理的・必然的な根拠があるのだ、と考えた。それは、力学の原理ないし法則が単なる経験的・事実的な法則ではなく、ちょうど幾何学の公理ないし定理のように、アプリオリな、必然的な真理であるからなのであった」。

リーマンが「慣性法則は充足理由律（事物の存在や真なる判断はそれを根拠づける十分な理由を要求する――引用者）からは説明できないという注をつけて、力学の法則をアプリオリな真理にまつりあげようとする試みを批判したのも、逆にそれが当時広くみられた考え方であったことを示している。マッハは、『歴史と根元』において、エネルギー恒存則の根元を〝仕事を無からつくり出すことは不可能〟という認識に求め、この認識は近代力学よりはるかに深く、長い年月にわたる人間の経験に根ざしていることを示した。そうすることによって、一般的な因果律からアプリオリに力学の諸法則を導こうとする努力が無意味であることを主張しようとしたのである」（前掲、『相対論の形成』、三二四頁）。

つまりレーニンの因果律的決定論的な法則の客観的実在という考え方が、一九世紀の力学的世界観における共同主観性となっていたこと、これに対するマッハの異和が述べられているということである。

かかるマッハの思想は、アインシュタインにつぎのような影響をあたえた。

広重は次のように展開している。

「一八九七年、ちょうど相対論へと発展する最初の歩みをふみだしたばかりのアインシュタインがマッハの『力学』によって力学的世界観のドグマから解放されたということは、相対論の創出のためのもっとも重要な前提を用意するものであったといわねばならない。マッハは『力学』で、力学の諸法則はアプリオリな原理から導き出されるものでなく、一見そう見えるものも、永い年月にわたる人間の経験から得られた認識であることを明らかにしようとした。……力学的自然観は、力学のいくつかの原理は大なり小なりアプリオリに基礎づけられうるという思い込みに支えられていた。力学の諸原理は、その意味で単なる経験事実の要約を超えた必然的真理であり、それゆえに全物理学の基礎となると考えられたのだった。このような力学の別格視は、力学の諸原理は幾何学の公理に似て規約としての性格をもつというポアンカレ——彼は力学のアプリオリ性をもはや認めないにもかかわらず——の思想のうちにも色濃く残っている。ところがマッハの分析は、力学の諸原理といえども、結局は人間の経験をとおして得られた知識であることを、単なる哲学的命題としてだけでなく、多くの歴史的事実の検討からの結論として示した」(同、三三一頁)。

つまり力学の諸原理も、「経験的事実を集約したもの」(同、三二六頁)であり、力学的諸関係を人間が整合的に説明できるように形成した共同主観性にほかならないということだ。

例えばわれわれは、以上のような広重の言説をマッハの次のような記述からも確認することができるだろう。

「水平方向に投射された物体の蒙る運動抵抗や、緩い斜面を登る物体が蒙る減速を、頭のなかで次第に小さくしていって、ついにはそれが零になった状態を考えることで、〝無抵抗等速運動体〟の表象がえられる。つまり、抵抗がなければ物体はいつまでも等速運動をつづけるという考えに至る。そういうケースは実地には現われよう筈がない。それゆえ、慣性の法則は抽象によって発見されたのだというアーベルトの指摘は正鵠を得ている。思考実験、連続的変化によって慣性の法則に到達したのである」とマッハは述べ、「輻射の概念にせよ、屈折の法則にせよ、マリオットの法則にせよ、物理学上の普遍的な概念や法則は、簡潔でしかも普遍的な、限定条件の少ない形に——あまつさえ、これらの概念や法則の綜合的な組合わせによって、どんなに複雑な事実であっても、任意の事実を再構成(換言すれば理解)できるような形に——仕上げられる。カルノーの絶対的不導体、物体の完全な等温性、不可逆過程や、キルヒホッフの絶対的黒体、等々、等々は、そういう理想化の例である」(「思考実験について」、『認識の分析』廣松渉編訳、法政大学出版局、所収、一一三頁)

といくつもの例をあげるのである。

広重が言うように「こうして、物理学のすべての分野はいずれも経験科学として、同じ認識論的地位をもつものと理解されるに至る。一般的・形式的な原理のレベルにおける力学と電磁理論の統一というアインシュタインの追及した課題は、そのときはじめて設定することができたのである。相対性理論の形成にとって力学的自然観からの完全な離脱が決定的に重要であったことは、一九〇五年以後にアインシュタインの理論が受容されてゆく過程にも反映している。じっさい、相対性理論の内容と意義が正しく理解され、その理論そのものが受容されるためには、アインシュタインの理論が単に電磁気学だけでなく、力学にもかかわるものであることが認識される必要があった。つまり、電磁気学同様力学も相対論の基本的公準に従わねばならないことが認識されてはじめて、相対性理論は受け容れられることになるのである。しかし、そのような認識は力学的世界観と両立しない」（前掲、『相対論の形成』、三三一〜三三二頁）ということなのである。

●――マクスウェルからアインシュタインへ

本論は唯物論哲学の話なのだが、ここでもう少し、物理学の歴史過程に相即する必要はあるだろう。だからマクスウェル電磁気学からアインシュタイン特殊相対性理論へと展開する物理学の問題意識について、必要とおもわれる記述はしておいたほうがいいだろう。

朝永振一郎らは次のようにのべている。

一八六四年、マクスウェルは「波の性質をもつ光は電磁波であると結論した。そしていろいろの光の現象をマクスウェルの方程式によって説明することができた。……ラジオの波は回路の電気振動によって生ずる。それよりも波長の短いセンチメートル波を出す発振音は、真空管の中で電子を振動させているものである。電子は負の電気をもっているので、その電子の振動数と同じ振動数をもつ電磁波が発振される。原子は、正の電気をもった原子核の周囲に、電子がとりまいてできている。この原子内の電子の中で外層部にあるものの移動によって送り出される電磁波は、われわれの目で感じる可視光線から紫外線にわたっている。原子内の深部にある電子の振動によるものは、さらに波長が短かく、これがX線である」等々。

「ニュートンの法則が天体の運動および地球の運動に関するすべての力学的な問題を非常に正確に答えるのと同様に、マクスウェルの理論は光の現象を含めて、すべての電磁気現象の問題にニュートンの法則に少しも劣らない精密さで正しい答えを与える。そして、力学的な現象が電磁気現象に比べてもっと本質的なものであるという理由もない。……マクスウェルの理論が確立された後にも長い間、力学的なエーテルの問題が、いろいろの人々によって研究された。そして電磁気現象を力学的に説明しようとすると、どうしても何かの矛盾が生じて成功しなかった。自然現象を力学的な模型で説明することだけが本当の説明であると考えたのは、力学現象がわれわれに一番馴染みが深かったために、そのように考える癖がついてしまっただけで、別にそれ以上の根拠があるわけではない。エーテルは電場と磁場の媒体であって、マクスウェルの方程式で正確に規定されているのであるから、これ以上、エーテルの性質を詮索する必要はないわけである」（朝永振一郎編『物理学読本』、みすず書房、五九〜六〇頁）。

だが、ニュートン力学は絶対の権威をもっていた。あらゆる物理現象がそれで整合的に説明されるはずなのである。光の波動の前提として媒体エーテルが考えられたのもそういうことである。マクスウェル電磁気学をニュートン力学を基礎として位置づけたいという学問的な探求がつづけられたということだ。

だが、ある実験からエーテル仮説は完全に崩壊することになる。

一八八七年、アメリカの物理学者マイケルソンとモーレイが絶対静止エーテルにたいする地球の相対運動を計測することを目的とした実験を試みた。だが計測の結果、エーテルによる作用はみられなかったのである。その実験をつうじて、アインシュタインはエーテルはないのだとし、そこから特殊相対性理論が確立されたのである。

なぜ、このような実験がおこなわれたかということが、ポイントだ。

ニュートン力学では、絶対空間・絶対時間が措定される。それは、いろいろな物理的運動は、絶対空間に対しての運動だと措定することだ。電車が動いているとき、地球が絶対空間に対して静止していたとすると、電車がうごいていることになる。絶対空間を絶対の基準として運動の方向と速度が求められるのである。絶対空間とは物体の運動を観測するために基準になる空間である。そして空間は、エーテルによって満たされているとニュートン力学では考えられていた。例えば、光は波であると考えられたが、真空で媒質がなにもないなら光はつたわらない。だからエーテルが振動して波になっているのだという考えである。つまり空気のない宇宙で光の波をつたえるのはエーテルだということである。

その場合、運動の方向がちがうと、速度がちがってくる。川の流れに沿って船を漕ぐ場合に比べ、逆らってこぐ場合は抵抗が大きいのと同じである。

地球は太陽の周囲を、秒速三〇キロの高速で公転している。それで地球は、宇宙を満たしているエーテル中を運動しているということになる。エーテルは静止している。地球は東西方向に公転している。したがって東西方向にエーテルに対する流れがあるはずだ。これに対し、エーテルに対して直角になる南北方向はエーテルの抵抗をあまり受けない。したがって、この二方向の光速度の値は違うはずである。東西方向のほうが速度に対する抵抗は大きいはずなのである。

実験はマイケルソンの干渉計というものでおこなわれた。簡単にいうと南北の二点と東の点にミラーを置き、中央にハーフミラーを置く、西点から光を発射する。光は中央のハーフミラーで南北と東西に分離するように設置するのである。そして、北点と東点から反射した光は南点に投射される。南に設置された観測計で計測するという精巧な装置を用いた実験である。

しかし実験結果は、この二方向の光速度は変わらなかったのである。つまり、エーテルの抵抗、つまりエーテルは検出できなかった。（エーテル問題でのローレンツ収縮仮説をめぐる問題については省略する）。ニュートン力学では、エーテルがないと光は伝わらない。だが、伝わったということだ。

「この実験によって、宇宙全体を満たしている静止したエーテルというものは、考えることができなくなった。なぜならば、この実験はエーテルと地球との相対速度が０であることをしめしているからである。……光の場合には、光源と観測者の相対運動を与えるだけで、静止したエーテルに対する速度を求めることはできない。このようにして、エーテルの運動を決定しようとするすべての実験は失敗した。光は互いに等速度の運動をしているいかなる観測者に対しても、つねに同一の速度をもっているのである。エーテルは、動いているとか、静止しているとかいう属性をもっていないのである。光の速さは走っている観測者からみても同じである。真空はどんな手段を用いてもそれ以上、空虚にすることはできないのであって、真空は電磁場を伝える性質をもっているのであるから、エーテルはわれわれのこの物理空間の属性と考えられる。われわれのこの物理空間を離れてエーテルはないのであるから、エーテルは存在しないと言ってもよい。したがって、光速度が任意の互いに等速度の運動状態の観測者に対して同じ値をもっているという光速度の不変性も空間の構造に帰せられるべきことになる」（同、六一～六二頁）。

まさにアインシュタインは、かかるマイケルソン―モーレイの実験から、エーテルの存在を否定し、エーテル（つまり絶対空間）無しの理論として、光速度不変の原理（光速度は光源の運動状態とは無関係に一定である。光速度は観測者に対してつねに一定である）と、ガリレイの相対性原理（あらゆる慣性系で力学的法則はすべて同一になる）とを結合して、特殊相対性理論を提起したのであった。慣性系とは、等速直線運動、静止したゼロ量の運動をする場所のことであり、慣性の法則（静止または、一様な直線運動をする物体は、力が作用しない限り、その状態を維持する）が成り立つ場だということだ。

つまり「光がすべての方向に等しい速さで進むような観測者を考えて、これを慣性系と名付ける。

アインシュタインはある慣性系にたいして等速度で動くすべての観測者がまた慣性系であって、自然法則はすべての慣性系にたいして同じであると考えた、これを相対性理論という」(同、六二頁)。

こうして、ニュートン力学のような絶対的基準ではなく、慣性系(座標系)においてそれらの運動は互に相対的となるという考え方が成立したのである。ここから後にのべるように、同時刻の相対性ということが措定されることになるのである。

そしてマッハは、後に見るように、ニュートン力学の「絶対空間・絶対時間」を否定していたのである。こうして、二〇世紀初頭、時代はニュートン力学からのパラダイム・チェンジをとげつつあった。だが唯物論哲学においては、ニュートン古典力学の物質概念が支配していたのだ。

まさにポイントは、レーニンが一九世紀の古典力学的自然観を機械論的な因果律にもとづく法則の実在という考え方の受容などをつうじ、これを共同主観性として考えていたということだ。それは彼の歴史内存在における存在被拘束性にほかならないのである。

まさにこのマッハから相対論と量子論が展開した。そして二〇世紀の物理学で明らかになったことは――これから論述するように――、科学的真理は「絶対的真理」ではなく「相対的真理」であり、その真理も一義的な因果律的決定論(実体主義)ではなく、函数的決定論・確率的真理(関係主義)だということになったということなのである。

レーニンはボグダーノフを次のように批判した。

「ボグダーノフは言明している。『私にとってマルクス主義は、どのような真理であるにせよ、その無条件的客観性の否定、あらゆる永久的真理の否定をそのうちにふくんでいる』。……この無条件的客観性とはなにを意味するか？『永久にわたる真理』とは『ことばの絶対的な意味における客観的真理』である、とボグダーノフは同じ箇所で言い、『一定の時代の限界内だけでの客観的真理』をみとめることだけに同意している」（前掲、『唯物論と経験批判論』、一五九頁）と。レーニンは絶対的真理（一義一価的決定論）をボグダーノフは否定していると批判しているのだが、二〇世紀自然科学の経験をつうじて明確になったのは物質的諸関係の運動の法則性は、一義的には決定されず、多価函数的にしか決定されないということになったのだ。

第二節　法則実在論批判

●——ミーチンの機械論的因果論とマッハ・廣松の法則理解

レーニンは絶対的真理の根拠を物質の一義的で因果律的な法則的運動に求めた。この法則の客観的実在というレーニンの主張もまた、マッハとバッティングするところとなる。

そして法則実在論を一九三〇年代のソ連において究極的におしすすめたコムアカデミア哲学研究所のミーチンらは、その共同著作『弁証法的唯物論』（ミーチン監修、廣島定吉訳、ナウカ社）で次のようにのべている。

「われわれがもっと複雑な物理化学的現象に、さらに進んで生物学的現象や社会的現象に移るときは……これらの場合には、原因と結果とは内的な必然的聯関にあるので、この聯関を理解することは、発展の合法則性から出発してのみ可能である。原因は単に結果を起こすばかりでなく、単に結果に移行するばかりでなく、与へられた原因の総体の存在は、さらに必然的に与へられた結果の存在を前提とする」（二九〇頁）。「所与の現象の反復を引き起こし得る根本的な原因を探し出し、この根本的原因を、特殊な一般的原因から区別することも重要である」（同、二九四頁）。「原因について論ずるには、原因中に交互作用の出発点のみならず、所与の対象を引き起こし、生起させ、一定の仕方でそれを再生する規定的条件があることを、力説することが重要である。諸現象の関数関係だけを論ずることは、実は諸現象の交互作用の客観的基礎にまで達しようとせずに、諸現象の相互聯関の確認にのみとどまる」（同、二九三頁）というわけである。

つまりミーチンは絶対的な形での因果性にモメントをおいた法則なるものが客観的に実在しているといいたいのである。ミーチンは函数関係を「聯関の確認」などと断定しているが、その根拠はしめされていない。諸現象の函数的関係とはどういうことか、マッハはのべている。

「旧来の因果性の表象は多分に生硬であって、一定量の原因に一定量の結果が継起するというにある。ここには四元素の場合にもみられるような一種の原始的・呪術的な世界が露われている。このことは原因（Ursache ＝原事象）という言葉からして明白である。自然における連関は、ある与えられた場合に、一つの原因と一つの結果とを指摘できるほど単純なことは稀である。それで、私はずっと以前、因果概念を函数概念で置き換えようと試みた。すなわち、現象相互間の依属関係、より精密にいえば現象の諸徴表相互間の依属関係で置き換えようとした」。これらは「相互的な共時聯関」（前掲『認識の分析』七七〜七八頁）だという。

廣松のいうところでは次のようになる。

「例えば、物体が千仞の谷に『自由落下』していく場合、この物体の加速度は地球という質量塊の引力（原因）の結果だとされるのが普通である。しかし、この物体が現実におびる加速度は、大気の抵抗、したがって物体の形状によっても規定されるのであり、周囲の山からも引力を受ける。物体の加速度はこれらきわめて多くの要因によって規定されているのであって、決して地球の質量によって一義的に決定されているわけではない。そのうえ、地球の引力は一方的な原因なのではなく、実は地球と物体のあいだには相互作用が成立しているのである。両々原因であると同時に結果でもある等々」（廣松「マッハの哲学」、前掲『認識の分析』巻末解説、三五二頁）ということだ。

まさにミーチンの言っている〈関数関係は「連関の確認」にすぎない〉などという言説が、全く的外れな批判だということがわかるだろう。まさにミーチンは「根本的な原因を探し出す」などとして原因の実体化をおこない、それを通じて機械論的因果論に結局は陥没しているのである。

マッハにより斥けられた、かかる因果律的決定論の概念をモーターのひとつにしているレーニンの法則観について、その法則なるものの物象化の機制をみておこう。

●──物象化としての「法則」について

法則はマッハによれば「法則とは知的労働を節約するための縮約的記述である」とされる（同、三五三頁）。これは廣松の法則観と相即する。

廣松は述べている。「個々の法則についていえば、ある種の状態が一定のあり方で随伴、継起すること、この予期的現認が恒常的に充足されること……この現象を斉合的・統一的に説明すべく事象が規則的拘束に服しているという擬人法的な暗黙の想定のもとに、構成的に措定されたもの」（『存在と意味』第一巻、岩波書店、五〇六〜五〇七頁）ということである。諸関係が生みだした法則という認識から逆に諸関係を「法則が支配する」という想念がうまれるのだ。これを法則の物象化といい、法則なるものが事象を動かしているという『了解』が成立するのである（同、四八五頁）。まさに法則の客観的実在性という形而上学に陥没することになるのである。

こうした「法則が支配する」という物象化した考え方に対して、例えば廣松は次のようにのべている。

「常識的な思念においては、事象界には『法則』なるものが在って、事象の生成変化を法則が規制している、ないしは、事象が法則に随って生成変化する、と了解されている」。

「われわれは、法則なるものをそれ自身が規制力をそなえているものとして擬人化することをしりぞけるだけでなく、事象なるものをそれ自身が法則に随順するものとして擬人化することをもしりぞける」（同）。

「このさい、しかも拘束的に規制する『掟』の既在性、それの規則力を人々は覚識する次第であって、法則の実在性という思念はこの覚識に根差すものといえよう」（同、五〇四〜五〇五頁）。

つまりここで廣松は、客観的に自存的な法則などはなく、それは、対象と人間の共軛的関係がつくりだし、共同主観的に認証された〈説明〉にほかならず、「law、Gesetz」などの「法」「掟」とおなじ位相にあるものだといっているのだ。

こうした見方に対して「法則が客観的に実在する」という考え方は、物象化的錯認だということだ。物象化とは「日常的意識にとって物象的な存在に思えるものが学理的に反省してみれば単なる客観的存在ではなく、いわゆる主観の側の動きをも巻き込んだ関係態の『仮現相（錯視されたもの）』

である事態を指す」(廣松渉著作集第一三巻、三頁)のである。法則の物象化とは、法則なるものが自己運動して世界が創造されていると思念するということだ。こうした「法則」実在論を廣松は『存在と意味』では完全に錯認であると言い切っているのである。

●——「法則の客観的実在性」という形而上学

この法則の物象化に対する批判は、「客体それ自体の法則性」という思念に対する批判を前提とする。

例えば廣松は『存在と意味』第一巻(岩波書店)で、「人々は、今日では、中世ヨーロッパの実念論派の知識人たちとは異なり、果物という普遍が存在するからこそリンゴやナシという個別が存在するのだとは思念しない。ところが、法則となると、人々は今日でも暗黙の裡に、法則という普遍態が存在するからこそ個々の合法則的な事象という個別態が存在するのだという構図で思念してしまう」(五〇四頁)と批判している。

廣松は「客体それ自体の法則性」ということを批判し、「星座の客観的配列」という思念を例にとりあげて次のように述べている。

「人が、もし、ギリシャ・ローマ風の〝星座〟区劃を以って〝星の客観的配列〟であると主張するとすれば、それはたしかに誤りであろう。中国風の〝星座〟やマヤ式の〝星座〟も同等の権利を主張しうる」。

「われわれはその都度一定の〝星座〟というかたちでしか見かけ上の星群を統握できないというかぎりで、論者たちが主客二元化を前提したうえで要求するごとき〝客体それ自体の法則性〟なるものを〝裸〟のかたちで認識することは原理上不可能である」。「論者たちの発想と語法に半ば妥協して」いうならば「法則性は主客の協働において存立する」。

「今度は別の論者が登場して次のように反問するかもしれない。『ギリシャ式星座、中国式星座、マヤ式星座……が同じ対象群の相異なった定式化であり、依って以って〝変換的に対応づける〟ことが可能である所以の客観的配列が厳存するのではないか。個々の〝星座〟にこめられている主観的契機を消去することによって、純粋に客観的な配列を認知することができるのではないか』云々。われわれの見地から言えば、論者たちの謂う〝主観的契機〟を完全に〝消去してしまう〟ことは原理上不可能である。論者たちの謂う〝客観的な配列〟なるものが、すでに、原理的には、ギリシャ式、中国式、マヤ式……〝星座〟と並ぶもう一つの〝星座〟でしかありえない」（同、四八六～四八七頁）。

こうして「星座」とか各々の分析対象がどういうものとして考えられ、捉えられるかといったことは、主体的・立場的分節において説明されるものであって「星座」といった分析対象と人間の共犯関係によってつくられ、人々の間でそう分節することが妥当だと判断された共同主観性としてのみ定立するということである。まさに「自然像とは、自然そのものの像ではなくして、自然に対するわれわれの関係の像」（ハイゼンベルク）なのである。

このように法則なるものは、ある事象を共同主観性の位相において、統一的に「説明」し、人間が対象と主客協働の位相で、主体的に分節し「〝構成〟的に措定された所識相」として定めたものにほかならないのである。

こうして『存在と意味』では廣松は、「法則」の客観的、自存的定立と、それを人間が認識へと反映するということとは全く反対の思考を展開しているのである。

●——因果律的な「歴史法則」なるものの成立機序

そこで、今度は、以上をふまえつつ、因果律的な「歴史法則」〈なるもの〉の形成される機制を見ておこう。廣松は述べている。

まずは、歴史法則の仕組みの前提をなす考え方からみておこう。

「私どもに如実に展らける自然的世界、これが単なる als solche な所与（何かあるものとしての所与——引用者）ではなく、即自的に、そして für uns（学知——引用者）には、いわば記号（象徴）化され、歴史的・社会的に共同主観化されていること、このことは私どもが即自的に『社会化された眼』『社会化された心』で以って自然に対するということと相補的であります。ここでもまた、件の『誰かとしての或者として、何かとしての所与に、対する』という四肢的構造が認められます。

翻って申せば、いわゆる『科学的実在としての自然』、Vorhandensein としての自然という与えられ方も、『誰かとして』の在り方の特別な様態、いわば『マン』化した在り方に照応するものであって、右に謂う四肢的構造聯関の一変様にほかなりません。

尚、歴史法則との関係で附言しておけば、vorhandenseiend な自然法則なるものは、実際には、かのイデアールな『意味』体系の一斑なのであって、〝なまの自然〟そのものの法則ではありませんし、イデアールな自然法則の必然性は、それを定式化する数学的定式のもつ論理的必然性――遡っては、その大もとにひそむ神学的必然性ないしはその名残り――であって、黒板上の三角形の内角の和が正確には二直角にならぬのと同様、現実の自然界は古典的な『必然性』に服すべくもありません。自然必然性なるものが現実的事象聯関を理想《イデアリジーレン》化して措定されたものであり、それ自身を取り出して絶対化するときフィクションにすぎなくなること、しかるにこれがしばしば物象化されて絶対的な法則とされてしまうこと、私どもは、この『秘密』を対自化することによって、自然法則と歴史法則とを原的に区別するの愚を自ら戒めることができます。……自然と歴史を二元化するような、従ってまた、自然法則と歴史法則とを絶対的に区別するようなドクサ〔臆見〕は、先にみた自然の在り方に即して私どもの卻けるところであります」（前掲、廣松渉著作集第一三巻、一八七～一八八頁）。

このことは「法則」の実体化とともに、これらの法則を機械論的な因果律として考える、古典力学や唯物論（タダモノ主義）が「物象化された存在態においては悟性的（この場合は、対象を固定的にとらえること――引用者）な『因果性』（Kausalität）という物象化されたカテゴリーが〝妥当〟し、事象的な諸契機のあいだに『原因―結果』という悟性的規定作用関係も〝見出〟される」（「物象化論の構図」、前掲、廣松渉著作集第一三巻、一一〇頁）という法則観を表現してきたことと間接する。

この「因果的法則性」について、廣松は次のような論理立てでの批判が必要だと論じている。廣松の『事的世界観への前哨』（ちくま学芸文庫）では次のようである。

「人々が歴史の法則的必然性を云々する場合、そこで考えられているのは、おそらく因果的連鎖の一義的必然性であろう。だが、因果的必然性とは何か？　経験的知識は、たかだかのところ、前件と後件とのあいだの蓋然的連鎖しか教えない。それを因果的な必然性として一義的な被決定性の表象にイデアリジーレンしてしまうとき、それはかの超越的主宰者の一義的支配の観念と同根・同趣であろう。――われわれは、科学的法則観の名のもとに〝近代人〟の既成観念となっている一種の形而上学的思念、かの超越的主宰者の理神論《ディズム》（「世界の根源として神の存在を認めはするが、これを人格的な主宰者とは考えず、従って奇跡や啓示の存在を否定する説」（『広辞苑』岩波書店）――引用者）的な俗化によって定着した近代ヨーロッパ的な臆見、これを批判的に卻けねばならない。そのとき、この機械論的必然性や決定論的な法則性の思念と共通の土俵の上に立って、それに否定的に関わろうとする近代哲学流の非決定論の発想をもまたわれわれは同時に卻ける所以となる」（三九二～三九三頁）。

「われわれは、歴史の因果的法則性なるものが措定されるのは人々の対自然的・間主体的な協働的な営為が物象化された相で意識に映現するかぎりにおいてであるということを対自的に把握するが故に、――未在的に既存する法則なるものの謂うなれば、〝遠隔作用〟によって未来的歴史の法則性が存立するかのような論理構制を暗黙の前提とするところの、科学主義流の〝法則的支配〟の了解を卻けるという域にとどまらず——物象化された歴史的一現象を以って作用原因となしそれに対応する歴史的結果なるものを配位していく立論の構えを端的に卻ける。われわれとしては、原理的な次元では、あくまでかの協働連関態の生態系的動態（「諸個人の共同連関」と読み替えていい——引用者）そのものに定位することを宗とすべきであり、このかぎりで、いわゆる因果法則的説明主義を卻けて、函数連関的記述主義の態度に徹する」（同、四〇六頁）ということになる（この「函数連関的」については、次項と次々項を参照してほしい）。

この場合、協働連関態の機制が問題となるだろう。

「共同連関態は、協働が即自性をもつかぎり、……『農業の歴史』『日本語の歴史』といった形象化の機制に即して……日常的意識にとってはとかく外的に自存する etwas（何か——引用者）であるかのように仮現する。このため、人々は往々にして、当の物象化された相で歴史の因果的法則性を云々し、例えば、灌漑農業が原因になって古代アジア帝国が生まれたとか、商品経済の発展が原因になって封建制が崩壊したとか、この種の『実体性の相関』を立言する。われわれもこのような表象を便宜的には認める。それは単なる錯覚ではないし、歴史的〝説明〟の方便としては許されうる立言である。しかしながら、それは『需要と供給との関係で物価が定まる』というたぐいの論理構制（つまり、諸個人の主体的営為を没却して、宛も『需要』というものと『供給』というものとの、要言すれば『もの』と『もの』との関係に見立ててしまう論理構制）になっているわけであって、あくまで、それは物象化された仮現・仮構であることを銘記する必要がある」（同、四〇五〜四〇六頁）ということである。

ここで、かかる「法則」の機制を、近代の二つの実体主義的世界観（社会唯名論と社会実在論）を媒介する形で見てみよう。そしてこれに対する関係主義的な考え方として、廣松が提起する「生態学（エコロジー）的モデル」を概観する。

次のようになるだろう。廣松は述べている（同、三九四頁以下）。

「歴史の〝法則性〟が存立するためには、それが循環的であれ、直進的であれ、ともかく歴史的変化の基体＝主体が〝存在〟しなければならない。……歴史の主体を何とみるかをめぐっては二極的に相対立する見解が存在する。一方の見解では〝有体の諸個人〟を歴史の実体とみなし、他方の見解ではそれを超個人的な或るものに求める。この対立は、近代においては社会唯名論と社会実在論との対立とも相即する。……しかし、歴史というものは諸個人の営為の単なる代数和ではない。……『農業の歴史』とか、くだっては『日本の歴史』とか『日本語の歴史』とか……有体の活動主体をぬきにして『歴史』を論ずるのが普通である。

このような場合には『農業なるもの』や『言語なるもの』を謂わば独立の主体であるかのように扱いつつ、それの歴史的変化を論ずる、というよりも、そのような取扱いによってはじめて『農業史』なり『言語史』なりが『歴史』として成立しうるわけである。……変化を変化として把握するためには、アリストテレスを俟つまでもなく、或る実体的に同一なものが論理的に前提される。『変化』という概念は、慥かにそれが変化するところの或る主体＝実体の自己同一性を前提する。この自己同一的な実体が客観的に実在するか、それとも、論理の上での擬設にすぎないかは一まず措くとして、『歴史』が歴史として成立するためには、そのような主体＝実体が論理的に要請されることまでは確かである」。

だから、それは、超個人的なあるものとして存立しているのである。

「歴史の主体＝実体は、日常的意識には、個々人以上の或るものとして『物象化』された相で現われる。……諸個人の意識にとっては、この既在する農業体系、既在する言語体系が、その都度の営為を外部的に拘束する。この〝外部的に既在〟する体系は、特定の誰彼がその活動を停止しても依然として存立するのであって、諸個人とその営為は偶有的とみなされる。おそらくやこのような事情から『農業』や『言語』が、具体的な諸個人の営為から自存的に存在する或るものとして、物象化されて意識されるのであろう」。まさに「諸個人を以って〝主体〟ではないどころか『歴史』の道具的一手段とみる表象を生み出し、歴史の主体を超個人的な或る〝実在〟に求める傾動を促す」。

しかし、歴史―時代といったものを、どのように捉えることが妥当か。廣松は、かかる物象化された「歴史」なるもの、「時代」なるものの機制を解明しようとする。

「諸個人は間主体的な協働連関のうちに内存在するのであって、決して実体的に自存するわけではない。この際、謂うところの協働連関は算術的な総和ではなくして、独自成類的な綜合（synthèse sui generis）であり、これがその都度の社会的・文化的形象となって物象化しつつ、いわゆる〝時代〟の内実をなすわけであるが、この〝時代〟は本源的には協働的役柄の機能的・函数的な一総体として存在しており、諸個人はこの『函数』的な機能的連関の『項』として part-take-in している。諸個人はこの在り方そのものにおいては存在被拘束的であり、人格（person）とは、この part-taking、personating を実体化して表象したものにほかならない。因みに、この実体化によって、有体の諸個人を以って歴史の主体とみる一方の見解が生じ、かの機能的協働連関の総体を物象化することによって、超個人的な歴史的主体を措定する他方の見解が生ずるのである」。

廣松はここから「歴史法則の存立構造を見据えるためには、歴史的主体に関する如上二様の実体化を卻けつつ、間主体的協働（intersubjektives Zusammenwirken）の構造そのものに定位しなければならない」という。

そこで廣松は、アトム的な諸個人を実体化し「その営為の機械論的な集合として歴史的主体を説明しようとする」「機械論的モデル」と、歴史総体を「実体化する」「有機体論的なモデル」に対して、「まずは生態学的《エコロジー》モデルを表象しながら論考」することを提起する。「このモデルに仮託することによって、われわれは協働連関の機能的・函数的総体性という立言に具象性を与えることをも期しうる」としている。

そこで廣松は、生態学的モデルとして「端的に通時的な遷移（succession）の例をあげよう」として、「北海道の山地で地すべりが起こったとする」と例をあげる。最初は多年生の草が生え草原ができる。「枯草の分解した有機物が蓄積され、地味が肥えてくると」幼木が混じるようになり、そのうち強い日光に耐えうるシラカバ林ができる。しかし、シラカバは、陽樹であり、林の中では必要な日光が得られず、そのうち滅びてしまう。そこで、日陰でも育つエゾマツやトドマツが大きくなり、それらの林を形成することになる。

廣松は、そこでクレメンツを援用し、こうした「その都度の植物共同体が自然的環境条件との相互作用の結果として生存条件を変化させ、新しい世代がそれに適合的な在り方をしていくautogenicな変位を遷移」といい、そして、「エゾマツ・トドマツの林が一たんできあがると、若木が次々と育って、もはや他種の木にとって代わられることはなくなる」。これを「極相」(climax)と呼ぶとする。これは、北海道などでは、「別様の初期条件から出発しても、極相は同じエゾマツ・トドマツ林になる」という(同、三九九〜四〇〇頁)。

また、「生態系の身近な一例である林」の「共時論的な構造」に目をむけるならば、草木、大樹、バクテリアなど、林を構成している様々の生物は、まさに、「その生死つまり存在・非存在にいたるまで、草木の現存在は、相互的連関作用の一総体たる生態系の分肢的存在として規定されている」(同、四〇〇頁)。

そこで廣松は、「フォイエルバッハに関するテーゼ」においてマルクスが人間を「人間の本質的存在は社会的諸関係の総体である」とのべているが、その「了解の構えは、まさしく生態系に即して形象化することができよう」とし、「生態学的モデル」の位置づけを与えている。

「このような類比が一定の有効性をもちうるのは、宿痾となっている機械論的モデルや有機体論的モデルに対して、『関係の第一次性』を顕揚する一具としてである。人間社会の歴史を論考する場合には、当然、人間の意識的営為ということが問題になる。だがこの際、われわれとしては、かの精神と物質との二元的区別を歴史的世界の領界に持込んで」、歴史現象を精神的現象と物質的現象とに存在的に二分する見地をしりぞけるとし、それは「精神的現象と物質的現象とを包括する歴史的現象の総体が謂うなれば『生態系』的な在り方をしているのであり、……『本源的に社会的生産物であるところの意識』は、『意識された存在』(das bewußte Sein)なのであって、歴史的生態系に内在する一契機だからである。

ここでとりあえず、『遷移』との類比でいっておけば、各世代は、先行する諸世代が自然的環境条件との相互作用を通じて形成した生存条件を与件としつつ、しかも、同一世代の生態系的構成メンバーの営為との共軛性においてのみ『歴史を作り』うる」(同、四〇一頁)ということになるのである。まさに、個と共同の共振、共時的共軛、諸個人の協働連関として、そうした諸〈関係〉の〈連なり〉において、展開しているということである。

●——多価函数的決定論と形而上学的決定論との違い

そこで〈法則の形而上学〉としての、一義一価的な機械論的決定論ということに対し、廣松は、「多価函数的」連続という概念を提出している。

「決定論者が宇宙の一義的・一価函数的な被決定性を主張する限りでは、われわれはそれをしりぞけねばならない。他方、非決定論者が因果列の先件を断ち切りつつ自らは一価函数的因果列の端緒をなすものとして、〝自由〟を立論する限り、われわれはかかる〝自由〟をしりぞけることができる。けだし確率変項を含む多価函数的連続ということが意味するのは、決して、因果性の中断だとか、無原因的自発性が存在するとかいう類のことではなく、同一の〝函数的状態〟（原因）から二つ以上の結果がそれぞれ一定の確率で生じうる――そのような項を含む――ということである。かくて、多価函数的連続観をとるとき、一面においては、決定論と非決定論との双方とも卻けられる」（『マルクス主義の地平』、講談社学術文庫、二三〇頁）。これは、廣松版の「重層的決定」ということだ。

この場合、この「函数」ということについての、廣松の用法を確認する必要もあるだろう。廣松は『弁証法の論理――弁証法における体系構成法』（青土社）の「第五信『方法論的展開相』の構図」では次のように述べている。

「函数は、その変項がさまざまな〝値〟をとることができ、諸項がしかるべき〝値〟をとるのに応じて、種々様々な定在形態を体現します。〝原始的存在〟（正しくは現実世界）を函数的関係態として定式化するとき、変項がまだ特定の値をとっていない場面では、それは変項の可能的な諸値に応ずる様々な可能的定在諸形態を即自的に表現します。そして変項が特定の値によって現実的に充当されるのに応じて様々な現実的定在形態を体現していきます」（一五六〜一五七頁）。

＊この文章のくだりは、弁証法の構成法としての「有機醸成型」と廣松が規定し論じている文脈の中でいわれているものだが、これら、体系構成法のそれ自身の問題は、本論では量的に扱いきれない。別稿を期すことにしたい。

まさに「同一の函数的状態（原因）から二つ以上の結果がそれぞれ一定の確率で生じうる」という、多価函数的連続ということを規定しているということができるだろう。

以上が、法則という物象化＝因果論的法則論＝機械論的因果論の機制と機序に対する批判、法則実在論批判として必要な文脈ということになるだろう。

第三節　相対論・量子論に学ぶ

●――ニュートン古典力学への批判とマッハの時間・空間論

以上の機械論的因果論への批判は、ニュートン力学への以下の批判をベースとするものである。そこではマッハの要素複合体という概念が、ニュートンの絶対空間・絶対時間の観念を解体することになるのである。

ニュートンは『プリンキピア』において「絶対的空間は、その本性上いかなる外のものとの関係をも有せず、常に同形的であり、不動である。相対的空間は絶対的空間の或る可動的な次元または測度であって、これをわれわれの感覚が物体に対するそれの位置によって決定する」と定義している。

廣松は「この命題に対して、マッハ哲学の立場からすれば……（絶対空間は――引用者）経験的には確証することのできぬ単なる思考上のもの」であって、「力学の諸定律は、すべて物体の相対的位置と運動とに関する経験〈を縮約的に記述したもの〉である」とする（「相対性理論の哲学」、前掲、廣松渉著作集第三巻、所収、四二四頁）。

廣松はマッハの「運動一般が相対的である」という説明を紹介する。

「『物体Kの運動は他の物体群ABC……との関係においてしか判定することができない。われわれはいつも十分な数の相対的に静止している物体ないしは極めてゆっくりとしか位置を変じない物体を役立てることができるので、特定の物体を指示することなくして、あれこれの物体を適宜に無視することができる。このため、物体群は端的に無関係だという思念が生ずる』。しかし実際には、物体群との相互関係をはなれて運動なるものが存立するわけではない。『物体Kがその方向と速度とをもっぱら他の一つの物体Kの影響によって変ずるというとき、物体Kの運動をそれに微して判定する別の物体群ABC……が現前しないならば、われわれは決してKがKの影響で方向と速さとを変ずるという洞見に達することはできないであろう。それゆえ、実際には、われわれは物体群ABC……に対する物体Kの関係を認識しているのである』。ここでもし『われわれが突然ABC……を捨象し、絶対空間内におけるKの動向を云々しようとするならば、それは二重の誤りをおかすことになろう。第一に、われわれはABC……が実在しない場合に一体Kがどのような動きを示すかを知らないし、第二に、物体Kの動向を判定し自分の主張を検証すべき一切の手段を欠くことになり、従ってわれわれの立言はいかなる科学的な意味をも有せぬことになろう』。

このゆえに、運動は……いっさい相対的であり、絶対空間内における絶対運動という思念は、発生論的な根拠は肯けるにしても、客観的に存在するとはいえない。『物理空間は物理学的諸要素相互間の或る特別な依属関係』なのであって、……絶対空間なるものは単に思考されただけのものである」(同、四二五〜四二六頁)。

絶対時間も同様に批判することができる。ニュートンは絶対時間を次のように定義している。

「絶対的な・真の・数学的・時間はひとりでに、それ自体の本性から、いかなる外的なものとの関係もなしに、一様に流れる。……相対的な・見掛け上の・通常の・時間は、或る可感的・外的な測度——運動という方法による測度——である」と。

廣松はマッハを援用する。ある〈事物の変化を時間で測ることはできない〉のである。「『事物Aが時間につれて変化するというのは、事物Aの状態が他の事物Bの状態に依属しているということの縮約的表現である……一切は相互に聯関しているのであって、われわれは〈絶対的な基準となる〉特定の尺度をもちあわせてはいない』。『それは余計な形而上学的概念である』」と。

ここでのポイントは「共同主観的な時間体系、従ってまた物理学的な時間体系は、物体間の位置関係に定位して——平たくいえば時計の針が動いた距離、天体が動いた距離、等々に定位して——組み立てるしかなすすべがない。言い換えれば、時間測定と称されるものは、結局において空間的規定に帰着する。この故に、要素一元論的世界観や操作主義といったマッハ哲学の立場からすれば、物理学体系の原理論においては、『時間という独立変数を消去してそれを空間的規定の指標によって代置すべし』という提題が当然の要求となる」（同四三二〜四三七頁）ということなのである。まさに時間・空間は「物理学的な聯関においては、感官感覚によって特性づけられる要素相互間の函数的依属関係」（マッハ、『感覚の分析』、廣松渉他訳、法政大学出版局、二八二頁）だとなるのである。まさにマッハはつぎのようにニュートンの時間・空間論を批判的に総括してみせたのである（『時間と空間』野家啓一編訳、法政大学出版局）。

「ニュートンにとっては、時間と空間とは何かしら超物理学的なものであった。つまり、時間と空間とは直接的に到達できるものではなく、少なくとも厳密には規定できない。依属関係をもたない（独立の）原変数なのであって、それにしたがって全世界が方向づけられまた統御されるものなのである。空間が太陽を回る最も遠い惑星の運動をも律しているように、時間もまた最も遠い天体の運動と、ごく些細な地上の事象とを符合させているのである。このような理解を通じて、世界は一つの有機体となる。あるいはこういった表現を好むのならば、一つの機械となるのである。そこでは、一つの部分の運動にしたがってすべての部分が完全に調和しながら動いており、いわば一つの統一的な意志によって導かれている」（一四四頁）云々。

　このような力学的自然観、因果論的・機械論的決定論がニュートン物理学の考え方であり、その考え方をマッハが函数的依属関係という考え方によって否定したということがおさえられなければならない。

　まさに野家が巻末解説においてアインシュタインを引用しているように「一九世紀において、空間という概念を排除することを真剣に考えた唯一の人はマッハであった。マッハは彼の試論において、空間をあらゆる質点間の瞬間的な相対距離の総体という考えでもって置き換えようとしたのであった」（アインシュタイン全集第三巻、四〇三～四〇四頁参照――引用者）ということだ（前掲『時間と空間』、二一八頁）。まさにこのようにマッハ哲学はアインシュタインの相対論を切り開いた科学哲学だったのである。

　そこで本論の次の幕はアインシュタインが開けることになる。

●──アインシュタイン相対性理論における観測結果の相対性

ニュートンの古典物理学では、物質の運動は絶対空間に対する運動ということに整理され、物質的諸関係は幾何学的な因果律によって運動する有機体として考えられた。絶対空間・絶対時間というものを「絶対的な座標系」としていたのである。つまりこれに対しアインシュタインは反対の方法をとったのである。ニュートン物理学にあっては「知覚的経験現相（経験としてあたえられた或ること──引用者）を超絶する独立自存の絶対的実在を前提・出発点にして、運動学を構築した。それに対して、特殊相対性理論におけるアインシュタインは、あくまでも経験的現相に定位しつつ、それを可能ならしめている条件の分析に即して時間論・空間論……を構築して行く」（廣松渉『哲学入門一歩前』講談社現代新書、一〇一頁）ということになる。例えば同時刻の相対性ということが措定される。

おなじ時間がそれぞれの慣性系で異なる実験として、有名なものに次のような実験がある。廣松の解説によって考えていこう。

今、二人の観測者は、等速直線運動をする電車がその中央で点灯したところを「車中」と「地上」から各々観測している。

「今、電車が真直な線路上を走っている。この電車……の中央の実験台上に電球が固定してある。電球に点灯した！　さてどうなるか？　車中の観測者にとっては、当然、光は車輛の先端部（前壁）と後端部（後壁）とに同時に到達する。では、この事件を地上から観察した場合にはどうなるであろうか？　やはり、前後壁に同時に光が到達するであろうか？」（同、一〇六頁）。
「古典理論では、飛行機上から発射した弾丸のように、光の速度と電車の速度とが代数的に加算される。従って、前壁に向かう光の速度と後壁に向かう光の速度とに差があり、前壁までと後壁までは走光距離が違うが、速度のほうも違うので、到着時刻は同時という結果になるはずであった」（同、一〇七頁）。しかし「光速度一定」という「相対性理論の第二前提のもとでは、そうはならない」（同、一〇六頁）のである。

つまりは地上の観測者にとっては、前壁と後壁への光の到着時刻は相違するということになる。この場合、列車の進行方向に対して、車輛の後壁は中央で点灯した点へと走行するので点灯点への距離が短くなる。車輛の前壁は点灯点より先へ進むので点灯点から距離が長くなる。光速度は一定なので、後壁に先に光が達することになるわけである。

これは車中の観測者と地上の観測者の位置している慣性系の違いから異なった観測がなされるということだ。それぞれの慣性系で異なった時間が流れているということになるのである。すべての慣性系をつらぬく〈時間なるもの〉は存在しないのである。
「こうして、相対運動をしている一方の系では同時刻に起こった事件が、他方の系では別々の時刻に起こったことになる！」（同、一〇七頁）。

さらに電車の長さも観測者の位置で相違する。車内の乗客にとって動いている電車の長さと、例えばこの電車を見ているプラットホームにいる駅員にとっての電車の長さも異なる。運動している座標系では、進行方向に長さが縮むのである。「動いているもの（の空間）は縮む」ということだ。

つまり、時間、空間（長さ）は慣性系によって異なるということが相対論でいわれる特徴である。「相対性理論によれば、物理的時間や物理的空間というものは、こうして、観測系（観測者）と相対的である。相対論的時空間は、もはや絶対的実在ではなくなっている」。「観測者という要因を導入して言えば、系Sに属する観測者S氏と系S′に属するS′氏とのあいだで」各々「対自的な現相」と「対他的な現相」とは相互共軛的に相違しはするが、それら相違する現相（あるがまま――引用者）的測定値を整合的・統一的に定式・措定する相、それが物理的実在相にほかならないものと見做される所以となる」（これは「質量」についても同じと廣松は説明している）（同、一一〇頁）。「こうして、観測者による間主観的（共同主観的……）な測定・定式ということを離れては、もはや、空間と時間という物理的実在相の措定が意味をなさない」（同）となった。

こうして、アインシュタインはどのような観測においても絶対的な結果をみちびく運動法則があるという自然観を唱える古典物理学のパラダイムをチェンジしたのである。本論ではこれ以上、相対性理論には論脈上ふみこまないこととする。

本論の舞台は以上を踏まえ、量子力学への舞台回しとなる。タイトルは「不確定性関係」である。

●――量子力学――ハイゼンベルクの「不確定性関係」

一九二〇年代、ニールス・ボーア、ウェルネル・ハイゼンベルクらによって確立した量子力学は、アインシュタインによっては支持されなかった。「神はサイコロをふらない」というアインシュタインの量子力学に投げかけられたことばが残っているように、電子の運動量と位置の測定を確率によっておこなうものとした量子論に異和をもったのである。アインシュタインは確率論に対してはいわゆる決定論の方を支持したのだということだろう。

アインシュタインはある一定の定数をつかえば電子の位置は予測できると考えたが、アインシュタインに対してボーアらはそういう定数は空想上の概念でしかないと考えたのである。

ここで古典力学と量子力学との考え方の違いを、簡単におさえておこう。

古典力学では①物質は、初期状態を明らかにすればその運動（軌道）を決定できる。②物質の状態は、客観的事実であり、観測によって違いが生じるべきではないということだ。これに対して量子力学は、①物質は、空間的な広がりをもって確率的に存在する。②物質の状態は、観測されることによって変化するということである。

かかる量子力学の考え方について、その代表的なポイントをなすハイゼンベルクの「不確定性関係」から考えてみよう。

一九二七年、ハイゼンベルクは「不確定性関係」を定立する。電子の状態の測定で観測したい事は、電子の「位置」と「運動量」の両方である。ニュートン力学では、この二つは同時に測定される論理立てである。ところがトレードオフのように両立しないといったのがハイゼンベルクだったのだ。

電子の「位置」を測るため光をあてる。すると電子は光にはじき飛ばされる。観測する前とは運動量はすっかり違ってしまう。では電子の運動量を正確に求めようとして光のエネルギーを抑制する。これは光の波長を細かなものから長い波にかえることだ。すると長い波では電子がどこにあるのか、「位置」が解らなくなってしまう。こうして「位置」と「運動量」の両方を同時に知ることは量子力学ではできないということになったのである。観測することが、観測対象である物質の状態を変えてしまうのだ。

つまり観測とは観測者の観測行為による物理的変化作用をつうじた観測対象総体の物理的状態の観測であり、観測者は同時に被観測的存在であり観測者から外化したところに観測対象は自立的にあるわけではない、測定を考慮した観測の確率的分析が必要になるということなのである。

廣松渉『事的世界観への前哨』（ちくま学芸文庫）ではつぎのように言われている。

「古典的発想では、観測的認識とは、対象そのもののあるがままを把えるとらえることだと了解されていた。換言すれば、そこでは、観測者側（単なる意識だけでなく一定の観測手段をも含む）の〝攪乱的影響〟は原理上消去できるということ、〝攪乱的誤差〟を加減的に除去、補正できることが想定されていた。しかし例えば或る微粒子を電子顕微鏡で観察する場合、現前するのは電子と微粒子とが〝衝突〟している瞬間的な一状態なのであって、微粒子そのものが自存する際の状態なるものは原理上観察されない。

現前するのは常に〝知る側〟（能知）と〝知られる側〟（所知）との一体的な状態である。観測とはこのような『能知的所知＝所知的能知』の現前であって、ここに現前するところのものは、単なる対象的所知でも単なる認識的能知でもない」（二五七〜二五八頁）。

まさに「ボーアが『われわれは単なる観客ではなく常に同時に共演者でもある』といった」所以である」（同、二五八頁）。

まさに「古典力学の世界では人間の意志や主観には無関係に粒子の位置と運動量は精密に決まっている。それが『客観的な存在』というものではなかったか！　位置と運動量についての観測者の認識に不確定性が入るとすれば、それは人間の観測操作のまずさから来る誤差であって原理的なものではない。しかし量子論のいう不確定性はこのような誤差ではなく原理的なものである。とすれば私たち人間は観測器械の性能をどんなに向上させても量子力学的粒子の位置と運動量の双方を精密に知ることは原理的にできないことになる。そのような粒子を果たして『客観的な存在』とみなしてよいものだろうか？　こうして量子力学をめぐる認識論的な疑問と論争が始まったのである」（並木美喜夫『量子力学入門』岩波新書、五四頁）。

まさに人間の認識主観の側の、共同主観性となった一定の対象への関わりを考慮にいれた、主客未分の相での観測ということがいわれている。ここにおいて、物質の状態は客観的事実であり、観測によって違いが生じるべきでないという古典力学の考え方が否定されるにいたったということだ。

この場合、この量子の位置づけが必要だ。

素粒子の状態とは、アトムとしての状態ではなく、場の状態とされる。廣松は例えば、朝永振一郎の『量子力学的世界像』（みすず書房）を援用し次のようにのべている。

「素粒子は〝粒子〟と呼ばれてはいるが……『場の状態』なのであり、〝素粒子の運動〟と呼ばれているのは、――実体的運動体の移動運動なのではなく――『場の状態の継起的布置変化』にほかならないのである。素粒子という〝物質の構成単位〟は、こうして、実態においては、『場の状態』なのであるから、およそ独立自存体ではなく、依他起生《えたきしょう》（他に依って生ずる）非実体であることが判《わか》る」（前掲、『哲学入門一歩前』、四三頁）。

「ついでながら、素粒子をクォークの複合体と見なすとしても、そのクォークは決して古典的発想でのアトムではなく、やはり『場の量子化』と相即するものであり、「場の状態」であることに変わりがない」（同）。

こうして量子とは、場・諸関係において相互に継起的な運動をする状態だということが、量子力学で解明されたということなのである。

まさに明らかなように、古典力学においてはアトムのように実体をもった原子が力学の法則（慣性の法則、力の法則、作用・反作用の法則）にもとづき、機械論的な因果律によって、絶対的な軌跡をたどるごとき、運動をすることがいわれていた、そういう実体主義的な原子論が否定されているのである。

以上のように量子論においては電子・素粒子など量子は粒でもあり波でもあり、その現象が確率的であるという性質が解明されている。その量子の状態は例えばシュレーディンガー方程式などによって電子がどれくらいの確率でいつどこにいるか、量子が展開する可能な運動経路（一つに確定できない）を確率的に求めることができる。もはや原子をつくっている電子の軌道が、中心から一義的に確定された半径の軌道をとるとかの説明でいわれる古典的な考え方は二〇世紀の量子物理学の展開過程の中で失効したということなのである。

つまり、この確率ということだが、「量子力学においては、電子や光子の状態というものが一つのベクトル空間中のベクトルで表わされるものと考える。……場の考えと、状態ベクトルの考えとを、うまく合わせて素粒子の理論を作り上げる」（朝永振一郎『量子力学的世界像』みすず書房、一八〇～一八三頁）のである。

●――一義一価的決定論を否定した確率論的決定の考え方

こうした状態ベクトルによる確率的決定ということを〈考え方として〉確認しておくために、S・ワインバーグに登場願おう。電弱統一理論というものでノーベル物理学賞を受賞したS・ワインバーグは、「究極の物理法則を求めて」（『素粒子と物理法則』R・P・ファイマンとの共著、ちくま学芸文庫）で次のように説明している。

「この講演を準備するにあたって、量子力学の初歩を学んだ学部学生のレベルに合わせるようにと注文されました。けれども聴衆の皆さんの中にはこの注文通りでない人もいるかもしれません。

そこで皆さんに量子力学2分間コースを準備してきました。持ち時間は2分間ですから非常に単純な力学系を考えざるをえません。一枚のコインを考えます。運動とか位置といった性質にはすべて目をつぶり、表か裏かだけを問題にしましょう。さて古典的にはコインの状態は表か裏かだけです。コインが一方の状態から他方の状態に変わるとき、古典論はどちらか一方の状態が出ると言います。量子力学では、コインの状態は単に表か裏かということでは記述できないのです。いわゆる〝状態ベクトル〟という一つのベクトルを指定して初めて正しく記述できるのです。このベクトルは2次元空間のベクトルで、縦・横の軸はそれぞれコインの取りうる二つの状態、表と裏です（図1参照）。矢印が裏軸（縦軸）方向を向いている場合は、コインは確かに裏が出ていると言ってよいでしょう。もし、表軸である水平方向を向いていれば確かに表が出ていると言ってよい。古典力学にはこの二つの可能性しかありません。ところが、量子力学では矢印（状態ベクトル）は中間の勝手な向きをとることができます。もし状態ベクトルが中間のある方向を向いていたとすると、コインは表が出ているのか裏が出ているのかどちらともはっきり言うことができ

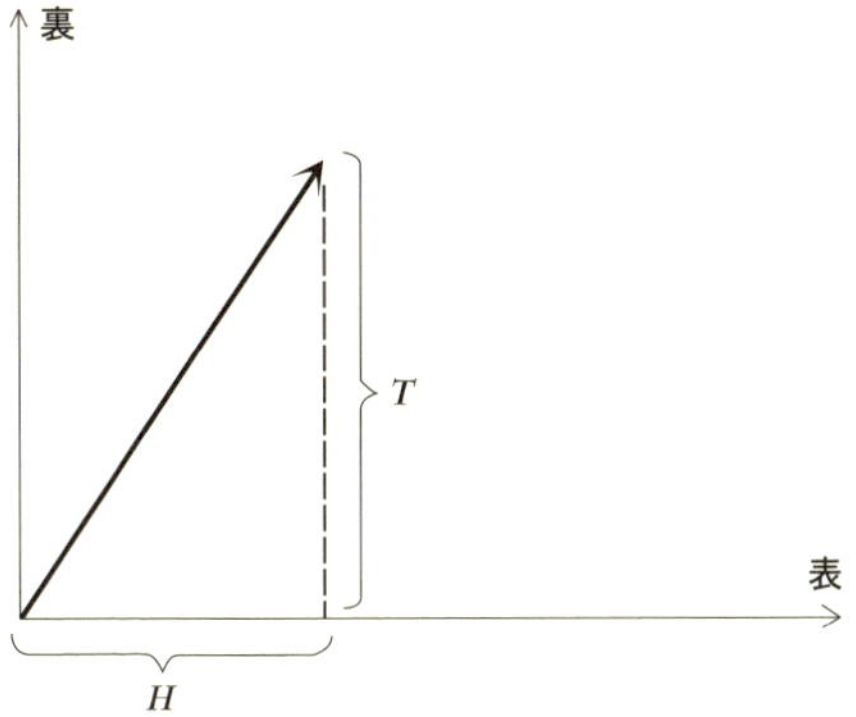

図1　簡単な量子力学系の一例としてのコイン．（表が出る確率）$=H^2$、（裏が出る確率）$=T^2$、したがって、$H^2+T^2=1$．状態ベクトルの長さは $\sqrt{H^2+T^2}=1$．

ません。しかし実際にコインを見るときは、表か裏か二つに一つの可能性しかありません。すなわち、測定の結果は二つの可能性、表か裏のうちの一つです。コインが表か裏かという測定をするとコインはある確率で表か裏かどちらかにジャンプするのです。その確率は初めに矢印が両軸となす角に依存します。

状態ベクトルは二つの成分、表の成分Hと裏の成分Tによって記述することができます（図1）。HとTを確率振幅と呼びます。測定の結果表が出る確率は2Hであり、裏が出る確率はもう一方の確率振幅Tを使って2Tで表わされます。ところで皆さんは大昔のピタゴラスの定理（直角三角形の斜辺の上に立つ正方形の面積は他の二辺の上に立つ正方形の面積の和に等しい――引用者）を知っているでしょう。これを使えば二つの振幅の2乗の和は状態ベクトルの長さの2乗に等しいことがわかります。あらゆる可能性を尽くしていれば、その確率を全部加えると1になります。つまり振幅の2乗の和は1でなければなりません。したがってこのベクトルの長さの2乗は1です。言い換えれば状態ベクトルは長さが1でなければならない。こういうわけで量子力学においては、一つの系は長さ1の状態ベクトルで記述され、ある測定を行ったときいろいろ異なる結果が得られる確率は、その状態ベクトルの成分の2乗で与えられます。このときの系の力学（ダイナミクス）は状態ベクトルが時間とともにどう回転するかというルールを与えることによって記述されるのです。瞬間的な短い時間内にベクトルがある角度回転するというルールが、系を力学的（ダイナミカル）に記述する処方箋です。ところでこれは完全に決定論的な処方箋になっています。状態ベクトルの時間発展は決定論であって、コインのどちらが出るかという測定をしたときに初めて非決定論が介入するのです。これが量子力学のすべてです」（八〇頁〜八三頁）。
こうして法則性が確率論的に与えられていることがわかるだろう。

●——ミーチンによるレーニン哲学の神学化

以上でわかっただろう。つまりレーニンが「唯物論」だとしていたものは、主客二元論（論理形式の観念論との同一性）、一義一価的な法則観—法則の物象化、機械論的因果律としての法則観や絶対時間・絶対空間といった形而上学的概念の受容など、まったくの「物質」の形而上学にすぎなかったということだ。一九世紀のパラダイムなのである。

だからこそ、こうしてレーニン自らが〈真理は一定の時代において相対的に存在する〉というボグダーノフの真理論の正しさを逆に証明することになったのだ。

だが、ここでぜひとも確認しておかなければならないことがある。このような過程はレーニンにとっては「仕方がなかったこと」だといえるのである。当時では古典物理学的自然観が科学思想上の共同主観性となっていたのだ。したがってすくなくともレーニンがそのような論陣をはっても不思議ではないといえる。

問題はこのレーニンの絶対的真理の言説をば金科玉条とし、セントラルドグマ（一方通行的教義）とした、スターリン、ミーチン、クーシネンらスターリニスト官僚にこそあるのだ。

レーニンの絶対的真理論は、スターリニストたちによって絶対的真理は一つしかなく、だから唯一の前衛の真理だという考えのもとに展開していくのである。相対的真理しかみとめない立場では、複数の真理が競争し、連合する。例えば、「前衛」党は複数存在することが可能になる。だが、「絶対的真理」の立場はそういう競争と連合は一つの真理への同心円的な吸収・解体、弁証法的総合への止揚の対象としてあるだけだと考えることだ。

ある「絶対的真理」なるものにとっては、他の真理は、自分たちの絶対的真理が主張する未来を実現することとの関係では、その阻害物になるとも考えることになる。「あいつは未来の行く手を阻害している」と。こうして粛清が始まるのである。実際、ロシア・スターリン主義の歴史はそういう歴史だったのだ。

一九〇九年に刊行されたレーニン『唯物論と経験批判論』の二五周年は、レーニンの没後一〇年目にあたり、ソ連では「共産主義アカデミー哲学研究所」の主催になる記念集会が開催された。佐々木力『マルクス主義科学論』(みすず書房)は、次のように分析している。

「ミーチンは講演『反映論の緊要問題とレーニンの「唯物論と経験批判論」』において……『哲学のレーニン的段階』の意義をおおいに強調した。ミーチンによれば、『レーニンのあらゆる他の労作と同じく「唯物論と経験批判論」は創造的マルクス主義の模範である』。その著作は、階級闘争の一環である『哲学戦線』において、種々の観念論、なかんずく新カント派の哲学とマッハ主義、と闘うために書かれた。それはとりわけ二〇世紀初頭に成立をみた新しい物理学理論にマルクスとエンゲルスの観点からアプローチしており、その意味で『二〇世紀の自然科学の唯一の真実の哲学』となりえている」とのべたと。

一九世紀の古典力学的自然観の時代の子でしかない『唯物論と経験批判論』が「新しい自然科学の」それも「唯一の真実の哲学」とされているのである。そしてミーチンは相対論や量子論の「それら物理学の新理論の建設者たちの哲学は自然発生的には……おおむね観念論」だといい、「反映論」のみが、真理なのだ、資本主義の危機的状況に対応できるものなのだと表明したという。

「ミーチンは……アインシュタインの相対性理論は、たしかにニュートン的時間空間表象の崩壊に導いたが、そうだからといって、人間から『独立な客観的内容があるという事実、すなわち、すべて存在するものは時間と空間の中に存在するという事実』を変更するものではない！　これがレーニンの反映論の立場からする相対性理論の時間空間論の解釈だというのである。さらに、ミーチンの論難は、量子力学に関連してハイゼンベルクによって提出された不確定性関係にまで及ぶ。不確定性関係には、たしかに合理的根拠がないわけではない——このことをミーチンもはっきり認める。しかし彼は、ハイゼンベルクの認識論的観点、すなわち、原子物理学は原子の本質や構造を扱うのではなく、われわれがそれを観測する時に知覚する現象を記述するとする観点、を観念論であるとして糾弾する。不確定性関係の根底にある、観測対象に対する観測手段の攪乱的影響を現在は計量しえないのは事実であるにしても、将来は『この影響をますます精密に計量しうる方法を発見しないであろうことを意味しない』。ミーチンが、彼の畏敬してやまない『唯物論と経験批判論』のレーニンと同じく、素朴実在論の立場、『裏返しにされたプラトン主義』、に立っていることに疑問の余地はない。そしてこの立場こそが彼の、相対性理論の時間空間概念や不確定性関係についての誤解に導いているのである」（二七七〜二七八頁）。

まさにミーチンは相対性理論、量子力学をほとんど否定的にしか解釈していないことになる。相対性理論にとっては時間空間の「中にすべての物質が存在する」という表現自体が古典物理学的な表現なのである。絶対時間・絶対空間と同様、時間・空間を実体視してしまっているのだから。

相対性理論の場合、観測者の位置（慣性系）の相違にもとづく観測結果の相違という観点が、古典物理学での観測結果はひとつという絶対的に客観的な普遍的観測結果という考え方を否定することにポイントがあるということがまったく理解できていないのだ。われわれがこれまで見てきたように、時間・空間は物質的諸関係の函数的依属関係というあり方が現象させているということにおいて、はじめて現実的な概念となるものであった。そして不確定性関係を発見した量子力学は、確率的説明を共同主観性とするものであった。

これが結局は〈客観的真理の実在〉（法則実在論）という立場から、観念論として否定されているということである。

かかるスターリニストの言説は結局、レーニンがマッハを観念論と攻撃したことを教義化し、これを強迫的な禁制にも似た共同観念＝〈マッハ的なものはすべて否定せよ〉といわんばかりの教説にまで高め、セントラルドグマとしたことにもとづくものだという以外ないものである。

第四節　古典的科学主義の「唯一の前衛」幻想

●——政敵抹殺の言説

これらの法則実在論にもとづく問題は、ソ連のスターリニストたちが、どのような「前衛観」をもっていたのかということと直結している。それを知るにはスターリンのテキストや、ソ連の公式アカデミーの教科書を読むのが一番である。ここではスターリン時代の最後の時期である一九五〇年にソ同盟科学アカデミー哲学研究所が刊行した、コンスタンチーノフ監修の『史的唯物論』を参照し、ソ連スターリニストの共同主観性として、いかに「唯一の前衛」幻想が存在してきたのかをみることにしたい。

「レーニンとスターリンとは、歴史の経験を考慮し、プロレタリア革命とプロレタリアート独裁の本質から出発して、つぎのような命題をたてた。それは、社会主義革命とプロレタリアート独裁とは、ただ一つの党の指導のもとにのみ勝利を祝いうるものであり、『プロレタリアート独裁はただこれを一つの党、共産党が指導するばあいにのみ完全でありうる。共産党は指導を他の党と分かつことはないしまた分かってはならない』（スターリン『第一次アメリカ労働者代表団との会談』）ということである」（『史的唯物論』上、大月書店、四二九頁）。

ここでいわれていることは、革命の指導やヘゲモニーを、「他の党と分かってはならない」「ただ一つの党のもとにのみ勝利」しうるという「唯一の党」の独裁論が規定されていることだ。つまり、それは、広範な統一戦線を様々の傾向をもった人民的諸勢力の共同・協働のヘゲモニーでもって形成していくというあり方が否定され、「他の党」がもし「指導を分かつ」こと、つまり対等の連合や同盟を主張した場合、ただそれだけで粉砕の対象となることを意味している。「政敵の抹殺」を必然化する以外ない論理がそこにはあるのだ。

●——スターリニストの「唯一の前衛」の論理

ボリシェビキ党の一党独裁が恒常化する中、一九一四年にレーニンが死んで後、スターリン、ブハーリン、トロツキーらが党内闘争を展開した。二二年に共産党書記長に指名されたスターリンは、二七年トロツキーを党より除名、二九年にはソ連から追放した。さらにスターリンらは、それまでトロツキーに対しブロックを組んでいたブハーリンを粛清した。スターリンらは一党独裁と他党派解体=政敵抹殺の政治を正当化するため、「唯一の前衛」理論を各国の共産党に流布していった。ソ連のテキストは次のように、その考えを要約している。「革命の統一ある指導を共産党に確保するために、レーニンとスターリンは労働者階級のなかにあるブルジョアの手兵を粉砕することを要求している。同志スターリンは『ソ同盟共産党（ボリシェヴィキ）史小教程』のなかでつぎのように書いている。『労働者階級の陣列のうちで活動し、労働者階級のおくれた層をブルジョアジーの腕の中におしやり、こうして労働者階級の統一を破壊しつつある小ブルジョア党を粉砕することなくしては、プロレタリア革命の勝利は不可能である』。労働者のなかのブルジョアジーの手先は、ギマンしてみずからを『労働者的』『社会主義的』党および流派だと称しているが、実際にはプロレタリア革命に反対して闘い、あらゆる方法でその勝利をさまたげているのである」(同、四二九〜四三〇頁)。

ここにはスターリニストの「唯一の前衛」観が集約的に表現されている。他の労働者政党を、労働者階級の諸々の階級利害が表現されたものととらえられず、イデオロギーや路線や政策の相違を、プロレタリアの階級利益とちがう反革命的なものと先験的にとらえ、「ブルジョアの手先」として粉砕の対象とする。また、ソビエトや統一戦線の中に存在する小ブルジョア的潮流を小ブル存在としてか、イデオロギーとしてかにかかわりなく、これをみとめず、ブルジョアの手先ととらえて粉砕の対象とする、ということである。

こうしたスターリニストの論理からいくならば、自分たち以外は、すべて「ブルジョアの手先」となるのであり、そのようにレッテル張りするしか、自分たちを維持することもできないものとなるのは当然だ。なぜなら、かかる観点は、自分たちが〈絶対〉のプロレタリア的「真理」を体現していると観念し、そのように〈絶対〉であるがゆえに、その〈絶対〉とはちがうところの他者は〈絶対〉にプロレタリア的でなく、「真理」を破壊するものであり、ブルジョアの手先であり、人民の敵であるという構制をかたちづくらないわけにはいかなくなるからである。かかる思考の原

理が神学的なものの見方、考え方である

●――一党独裁を基礎づけた「物質の哲学」

一九六九年に発行されたソ連スターリニストの『科学的共産主義辞典』はつぎのように、ソ連共産党のイデオロギー的な位置づけをのべている。「マルクス・レーニン主義とは、社会・政治、経済、哲学、法律、倫理その他の見解を科学的に基礎づけた体系であって、世界の認識と改造、社会・自然および人間思惟の発展の諸法則、搾取制度の革命的打倒方法と共産主義の創設の道に関する教義であり、労働者階級とその前衛である共産党、労働者党の世界観である」。

神学の教理問答のようなこの言説の意味するものは、歴史の諸法則を完全に完成された「教義」として認識し、説明する者が、前衛党（員）であるということだ。

歴史は、法則的に発展しており、その法則は、人間実践の外に客観的な真理として対象的に実在しているとし、その真理をできるだけ正確に認識し、その法則に合致した実践をすることこそが、歴史の進歩に関わることになるのだというのがスターリン哲学のウルテキスト（原教義）であった。

「世界は、その本性からして物質的である。世界の多様な諸現象は、運動する物質のさまざまな姿容である。弁証法的方法によって確認される諸現象の相互関連と相互の被制約性は、運動する物質の発展の合法則性である。世界は物質の運動法則にしたがって発展してゆき、どんな『世界精神』をも必要としない」（スターリン『弁証法的唯物論と史的唯物論』、国民文庫、一八頁）。

こうしてスターリンは物質の自己運動として歴史の運動をえがき出した。人間の歴史が、人間の社会的諸関係によって形成され、人間の協働を主体的に関係づけている歴史的な共同主観性によって定立されていること、人間の協働的でイデオロギッシュな共同性を構制的媒介とした実践的価値判断の体系によることなくして、歴史の法則〈なるもの〉、「自然」の法則〈なるもの〉が、あると措定することはできないにもかかわらず、人間の共同主観的思惟の外に、客観的に、それらの法則的「真理」なるものがあると規定したのである。

「物質、自然、存在は、意識の外に、意識から独立存在する客観的実在である」（同、一九頁）というわけだ。

まさに完全に主客二元論に立脚した客観主義的な科学観がそこに存在しているのである。

スターリンは「物質の運動法則」なる物質の自己運動という「科学の客観的真理」なるものを、「社会史の研究におし拡げることが、どんなに大きな意義をもっているか、これらの命題を社会史へ、プロレタリアートの党の活動へ適用することがどんなに大きな意義をもっているかを理解することは容易である」と規定する。「世界は認識されることができ、自然の発展法則についてのわれわれの知識は、客観的真理の意義をもつ確実な知識であるならば、ここから出てくる結論は、社会生活も社会の発展も認識されることができ、社会の発展法則についての科学のデータは、客観的真理の意義をもつ確実なデータであるということである」。

「つまり、プロレタリアートの党は、その実践にあたっては」「社会発展の法則やこれらの法則から出てくる実際的な結論を指針とすべきである」。

「社会の物質的生活は、人間の意志から独立して存在する客観的実在であり、社会の精神生活は、この客観的実在の反映であり、存在の反映である」（同、二二三〜二二四頁）と。

「プロレタリアートの党」は、かかる「真理」を認識し、歴史の法則を自覚した、絶対的な真理の体現者ということになるのである。人民はこの党の教育するとおりに、合法則的に行動することがもっとも「革命的」「進歩的」な行為とされるのである。

●――神学図式の「前衛―大衆」理論

スターリンは「どんな世界精神も必要としない」といったが、「客観的真理」の認識という考え方はヘーゲルの「世界精神」（神）と同じ図式にはまっているのだ。ヘーゲルが歴史とは神の弁証法であり、世界史とは、普遍的精神が自己を実現していく過程であり、神＝絶対精神の運動であるとしたものを、単に「物質の運動法則」なるものに換置したものである以外ない神学的構制をもつものである。かかる図式はヘーゲルの精神が絶対知に至る過程・神の自己実現の過程を客観的真理の自覚の過程におきかえた構成になっている。

ヘーゲルでは、歴史の発展過程は絶対精神の自己実現の過程とされる。ヘーゲル論理学においては、絶対者は有限者の変化をつうじて自己を歴史の中に実現していくという構成になっているが、絶対精神が他在において自己を認識することと、人間の精神が絶対精神を認識すること、つまり神が神を認識することと、人間が神を認識することとはおなじこととして捉えられる。

「神はただ自己自身を知っている限りにおいてのみ神である。神が自分で自分を知っていることはさらに神が人間のなかに自分の自己意識をもっているということであり神についての人間の知である。そして神についての人間の知は神のなかでの人間の自知まで進んでゆく」（ヘーゲル『精神哲学』、岩波文庫、二九七頁）ということだ。

この構制を廣松渉は次のように説明している。

「ヘーゲルは人間が神を意識するという事態は、神が人間において自己自身を意識していることにほかならないという。『宗教哲学』におけるヘーゲルのテクストの言葉でいえば『神に関する人間の知は、神の自分自身に対する知である』。これに対してフォイエルバッハは、敢えて『神に関する人間の知は人間の自分に関する知である』と言い、より露骨に『神の意識は人間の自己意識であり神の認識は人間の自己認識である』（『キリスト教の本質』、第二章「宗教の本質」——引用者）ともいう」（「ヘーゲルそしてマルクス」、廣松渉著作集第七巻、所収、一六一頁）ということだ。「人間の神は人間がもっているだけの価値をもっており、そしてそれ以上の価値はもたない」（『キリスト教の本質』、上巻、岩波文庫、六七頁）のである。

つまりヘーゲルのいう神学の構制は神がつくったものではない。ヘーゲル自身が論述しているだけだということ。この絶対知の創造者は彼自身だということはおさえられるべきだ。フォイエルバッハは、神学の構造を暴いたのである。

客観的真理の認識も前衛党の「物質の運動」なるものに対する分節、かかる対象にたいする関係行為の所産にほかならない。客観的真理とされるものは前衛党の自己意識である。それをスターリン主義者は〈物質の運動法則〉なるものへと独立自存化し物象化しているのである。その「法則」が自分たちを外から規定していると思念し、その「客観的真理」に合法則的に対応した方針を与えるものとして前衛党を位置付けている。前衛党の神格化がおこなわれているのだ。

かかる「真理」の認識が、党の実際活動であるというならば、それは「絶対に正しい唯一の真理」の体現者として前衛党が存在することを無条件に認めよということだ。これがロシア共産党が自らを〈前衛〉と称する根拠、〈前衛〉の〈資格〉の根拠だったのだ。

まさに独言（モノローグ）だ。

前衛党が真理を全一的に所有しているという考えは「哲学（理論）の党派性」といわれるものだが、かかる定義は一九三〇年代においては、M・B・ミーチンによって極限まで煮詰められた。客観的真理をもっともよく反映（認識）するものが前衛党であり、党組織のなかでも上級にいくほどその認識は優れたものとなり、とりわけ書記長（スターリン）が哲学的真理を体現するという教義にいたった。まさに政治的権力とイデオロギー的権威を二重写しにすることによって神学的な全体主義が組織されたのである。

こうしてスターリンの「伝導ベルト論」による独裁が展開された。スターリンの伝導ベルトは、ソビエト、協同組合、労働組合、青年同盟などの諸々の国民組織に前衛の命令を貫徹するためのシステムであった（スターリン『レーニン主義の諸問題』の「プロレタリアートの独裁の体系内での党と労働者階級」にその規定がある）。今や党は、絶対的真理の体現者として、教会であり、専制君主であり、軍事警察として存在することになるのである。そして、このような「党の独裁」によって、例えば、スターリンの「大テロル」（一九三七〜三八年）といわれる時期だけでも、一〇〇万人の人間が粛清・処刑された。

まさにスターリニズムの神学的な党の独裁は、人民大衆が自己を変革し、人民みずからが社会を統治していくというあり方を否定し、ソビエトの合議機関としての本質を破壊してしまった。ソビエトは歴史の客観的法則を把握し体現する唯一の党に従う伝導ベルトと化したのである。

つまりスターリニストの「客観的真理を把握した唯一の前衛」論は、階級内部の諸傾向、諸党派間の民主主義的政治論争そのものを否定し、官僚主義と内ゲバ主義の警察支配によってソビエト権力そのものを破壊してしまった。そして、三〇年代から四〇年代にかけてスターリニストは、この政敵抹殺の論理をもって「トロツキー＝ヒトラー連合」「トロツキオ・ファシスト」「帝国主義の手先」等としてトロツキー派やスペイン・ＰＯＵＭ（マルクス主義統一労働者党）など独立派潮流を粛清し、ファシズムに対する闘いをも破壊したのである。

●——スターリニスト哲学の陥穽

一九六二年に刊行されたクーシネン監修の『マルクス・レーニン主義の基礎』（合同出版）でも

同様の展開が記述されている。結局、二〇世紀をつうじて、次第に明らかになっていった相対性理論と量子力学の学問的地位化に対してソ連のスターリン主義官僚たちは、対応におわれ、自分たちの素朴実在論の決定的限界を白日のもとにさらけださざるをえなくなったということなのだ。

スターリン主義自ら絶対的真理などはなく、相対的真理だけがあるということを証明したのである。

クーシネンたちは『マルクス・レーニン主義の基礎』(第一分冊)でつぎのように論じた。

「微視的世界の分野における諸発見と、量子力学の創始は、それ自体として科学と弁証法的世界観の最大の成果であった。物質的物体とその粒子の性質や関係は、かつての物理学が考えたように、同質、一様ではなく、物質の多様性は汲みつくされえない、ということがあきらかになった」。だが、ここからだ。「しかしながら、物理学の諸発見から他の、観念論的な結論もひきだされた」といい、「『非決定論』の流派が頭をもちあげたが、その代表者たちは、客観的、必然的連関の原理そのものを否認している。……機械的決定論のなりたたないことが科学によってあきらかにされたことを口実にしながら、決定論一般がすべてなりたたない、という結論をくだしている。……量子力学の場合も、われわれがかかわるのは、現実のすべての現象に内在している客観的、必然的連関と諸現象の被制約性であることを」(二一〇〜一一一頁)無視しているというわけである。

このような量子力学に対する理解は、その確率的真理の否定であるといっていいものだ。かかる見解は結局、クーシネンたちが「すべての現象の因果的被制約性が必然的性格をもつと承認することは、とりもなおさず、必然性の存在を承認することである……自然と社会における必然性は、もろもろの法則のうちに、もっとも完全にあばきだされている。諸現象の発生・発展における必然性の承認は、これらの現象が、人々の意志や願望から独立して存在する、一定の合法則性にしたがっている、ということの承認をともなう」。そして「法則とはなにか？　法則とは、諸現象のあいだの、または同一の現象のさまざまの側面のあいだの、深い、本質的な、固定した、反復される連関または依存関係である」（同、一〇四頁）とのべたものである。

「固定した、反復される連関」‼　これまで見てきたように、これでは量子力学は理解できないのである。まさに量子力学の多元的決定論、確率論を「非決定論」として批判するという決定的な誤りを生起せしめるしかなかったのだ。そもそも量子力学がどういうものかを理解できていないということだ。

かかるスターリニストの見解こそ古典力学的な一義的決定論でしかない。スターリニスト哲学なるものは結局はこうした機械論的決定論だということが暴露されているのである。結局は一義的決定論以外はすべて「非決定論」になってしまうのである。廣松はこの一義的決定論を批判し、「多価函数的連続関係における決定」、つまり「同一の原因から二つ以上の結果がそれぞれ一定の確率で生じうる」という考えを『マルクス主義の地平』（講談社学術文庫）、『存在と意味』（岩波書店）などで表明している。そういう確率的決定ということこそが、二〇世紀をつうじて確立されてきたことなのである。

そしてこの多元的決定論のポイントは、法則〈なるもの〉が人間の主観の側からはまったく独立に客観的に存在しているのではなく、認識する側の共同主観性を媒介とした対象への関わりとして、法則（—法則性）なるものの機制が——まさに主客未分の相において——組み立てられているのだ、ということだ。客観主義としてのいわゆる古典的な科学主義はここでは退けられることになるのである。

だからまさにスターリニストたちの哲学的破産は、レーニンのマッハ批判のスタンスを教条化したことを土台にしているのである。

クーシネンたちは言う。「自然は人間にさきだって存在したか？——レーニンはマッハ主義者たちにたずねた。もし自然が人間の意識によって創造されたものであり（マッハがどこでそんなことをいったというのかね——引用者）、感覚に還元されるとすれば、自然が人間をつくりだしたのではなく、人間が自然をつくりだしたことになる。ところが、自然科学によって明白なことだが、人間の出現するずっとまえから自然は存在していた」（同、六六頁）のだと。

まさに、このようなマッハ哲学への完全な歪曲と主観的観念論というレッテル張り、それは「マッハ的なものを否定せよ」という神の声となってスターリニストたちのかかる「物質の神学」の世界に響き渡ってきたのである。スターリニストたちによる、相対論、量子論におけるマッハ的なものの否定こそ、かれらが二〇世紀の相対論・量子論を否定的に解釈せざるをえなかった根底にあるものだ。そのことが、レーニンの「絶対的真理論」における「相対的真理論」者ボグダーノフへの論難からはじまったことを本論としては表明するものである。どうだろうか。

第五章●——環境破壊〈近代〉の超克にむけて

第一節　人間生態系とは何か

●——人間生態系の形成

廣松渉は一九八六年、ユニテから『生態史観と唯物史観』を出版した。そこには、人類史的危機としての環境破壊問題を念頭に、廣松のまさに〈エコロジズム〉が表明されている。それはまた、環境破壊の理解の仕方において、放射能汚染の問題を特別に深く憂慮するものでもあった。放射性廃棄物の問題をとりあげつつ、「人間生態系」において、放射線の放出によって、どのように、人間生態系が破壊されるのか、その危険性について自覚を促している。そして、〈生態学的な価値基準〉からするとき、「金銭的価格次元での収支」ではなく、「エントロピー次元での収支」

（エントロピー……廃物・廃熱による地球環境負荷）、「エントロピー次元でのバランスシート」こそ真剣に考慮されるべきだと論じている（廣松渉著作集第一一巻、三〇八〜三〇九頁、参照）。

結論はいそぎすぎず、まずは、「人間生態系」という概念から入ってゆくことにしよう。

「人間の歴史は人間《ヒト》の〈間自然的―間主体的〉な生態系の遷移にほかならないとはいえ、当の生態系の編成機軸は、対自然的応接の契機においても、間主体的編制の契機においても、人類史上、何段階かの飛躍的な展開を閲歴してきた。そのことによって亦、人間生態系は、動物一般の生態系から愈々シェーレ状に開いてきたことが認められる。

人類は、僅々一万数千年以前に牧畜や農耕を開始するまでの長大な期間、採取経済の生活を営んできた。この採取生活は〝草食〟と〝肉食〟との『雑食』であるという点で、また、道具の使用を伴ったという点で、動物界に普通にみられる対自然生態とは様子が異なる。動物界には、雑食性のものも存在するとはいえ、大型動物に限っていえば、――家畜化された犬猫豚などは論外として、〝草食〟を基調とする類人猿の時折の肉食を例外とするとき――概して〝草食〟か〝肉食〟かの偏食性が普通である。動物界においては道具の使用も例外的である。そして、草食大型動物は群れをなして遊動するのが通例であり、（これに対して――引用者）肉食大型動物は狼類でさえも平常的には単独で生活を送る。ヒトは〝肉食動物〟でありながら群れを形成して遊動するという点でも特異である。群棲雑食性大型哺乳動物であり、採取用・調理用の道具のほか火や言語といった〝道具〟を使用するという点で、採取生活の時代においても既に、ヒトの生態系は動物一般のそれとは別異性をもつ。とはいえ、採取生活の生態系というかぎりでは、動物生態系の一般的な型の大枠を破るものではない。……一般の動物生態系では食物連鎖を介して人口の調整がおのずとおこなわれるのとは異なり、ヒト同士の徹底的な死闘によって人口調節が帰結したと考えられる。とすれば、採取経済時代の人間生態系は、普通の動物生態系との類比で、〝安定相〟の保持を云々することは許されがたい。われわれとしては、この激しい要因を認めたうえでも、しかし、採取経済時代の人間生態系がそれなりの仕方でテリトリアルな『極相』を現出していたものと考える」。

この「極相」とは、ある変化する量が一定の規則のもとに——この場合は、道具をもち、群れをなして、存在するという特異性における規則を表しているということだろう——、ある確定した量に限りなく近づくとき、極相があるという。まさに「テリトリアルな」〈存在の基礎的前提相〉をつくりだしたということだろう。これがさらに、〈農耕〉と〈遊牧〉に構造化してゆく。

「ところで、人類は、採取経済の生活態勢において一応の『極相』を現出し、その限りで、生物としての〝安定的〟生存相を保持した」が、「この生態学的安定相が今を去る一万数千年前に崩れて、遊牧と農耕という新しい人間生態系が成立した動因は、主体たる人間の側にあったのか、それとも、環境たる自然の側にあったのか？　機械的に振り分けることは出来ないにしても、主たる動因は、気候の急激な変化（乾燥化）にともなう植物相および動物相の激変という自然的環境条件の変化の側に求めるのが定説のようである。……人類史的な規模でみるとき、遊牧経済（遊牧民部族社会）および農業経済（農耕民地域社会）の成立が、革命的な一転機となったであろうことは忖度に難くない」。

この場合、遊牧と農耕のシステムがどう形成されていったのかが、次に問題となる。

「遊牧経済という生活態勢は、その内部で、新しい固有の生態系的遷移を進展せしめる所以となる。この生態系は、家畜が四囲の狩猟民による採取の対象となるかぎり、安定的な存続は不可能である。だがしかし、狩猟民と遊牧民とのテリトリアルな〝棲み分け〟の状態が確立してしまうと、割合いと短期間のうちに一応の『極相』に達するのではないかと思われる。――……遊牧経済の社会では、小規模の旱水《かんすい》・灌水による焼畑・山麓農耕の社会と同様、母系制氏族社会から父系制氏族の胞族的・部族的な連合態社会への推転が現出するものと考えられるのだが、このような社会編制をもった〈人間―家畜―牧地〉生態系は、同じ土地での狩猟経済による人口支持力をはるかに上廻りつつ、当該の食物連鎖によって上限を規制された『極相』に達する。

農耕経済の生態学的遷移は、旱水農業の場合と灌水農業の場合とで、一応区別して考えねばなるまい。旱水農業は、山地であれ平地であれ、焼畑によって耕地を造成するのが普通であり、施肥がおこなわれない歴史的条件のもとでは、多年の連作に耐えない。品種の改良、農具の改良（それに伴って深耕・砕土などが可能になる）、技術の改善（中耕・除草など）などによって、土地の生産性が向上するにしても、旱水農業では技術的限界に逢着し易い。それにしても、農業は採取とは比較にならない人口支持力をもち、内包的には限界に達しても外延的な発展性をもつ。旱水農業の生態系は、技術的革新（鉄製農具の導入、施肥、等々）の可能性の余地を残しているかぎりで、また、未耕地への外延的拡充が進展するかぎりで、生態学上の極相にはなかなか到達せず、遷移の過程が進捗すると言うことができる。実際問題としては、しかし、旱水農業では、原理上の極相的限界でこそなけれ、技術の歴史的限界による上限に割合いと早く達してしまい、父系制氏族の編制をもった〈人間―作物―土地〉生態系の〝亜極相〟に達し易いであろう。ところが、旱水農業の外延的発展を介してであれ、独自の起源であれ、灌漑農耕が開始されると、遷移の射程がはるかに長大となる。そこでは土地生産力の増大が人口支持力を著増させるだけでなく、水利という要因ひとつとっても、社会的編制の変化、社会の重層化や地縁化の可能的諸条件が形成される」(「生態史観と唯物史観」、前掲、廣松渉著作集第一一巻、一七〇~一七四頁)。

●――人間生態系の遷移

こうして形成された農耕と遊牧が融合して「大規模な生態系」をつくると、この重層的な生態系を「全一の」生態系として把握するという方法論が課題となる。

「定着農耕民と遊牧民とが併存し、両者の間に接触がみられる状態になると、遊牧生態系と農耕生態系とは、相対的な独立性をもったそれぞれの生態系をなしつつも、両者の交流を含むより大規模の生態系を形成するようになる。この大規模の生態系は、その内部の構造的要因からして、独特の遷移を続け、容易には安定的な最終的極相に達しない」。として、廣松は、次のような要因をあげている。

「第一に挙げておきたいのは、遊牧民を中継者とする遠隔的な商品交換の存在であり、第二には、無論、遊牧民団の農耕社会への侵入・椋奪・破壊である。『遊牧・農耕』大規模生態系の安定を紊《みだ》すこれら二要因の破壊的作動を一応抑止する準安定相、それが所謂『アジア的専制帝国』にほかならない。――梅棹忠夫氏は、私の謂う『第二地域』(すなわち、西欧および日本を除く旧大陸の全域)に関して、生態学的遷移が『他成的』(ヘテロジェネティック)であると主張されるが、それは農耕民社会を当事主体としつつ、遊牧民の介在を擾乱的な要因と見做されることに負うものである。われわれとしては、しかし、両者が現実的に相互的影響をもつ一動態を形成している以上、『遊牧・農耕』の全一的な生態系を当事主体となし、この全一態の遷移を立論するのでなければならない」。

＊「梅棹忠夫は」……この「生態史観と唯物史観」は、一部・二部と附論からなるが、その第一部は、「梅棹忠夫氏の『文明の生態史観』(中央公論社、現在は中央公論新社、刊――引用者)との対質を通路に、著者なりに理解する唯物史観の見地から、人間生態学的知見をも勘案した歴史観の構案を暫定的に述べておいたものです」(一九八六年のユニテから刊行した、『生態史観と唯物史観』の「はしがき」より。前掲、廣松渉著作集第一一巻、四二二頁)というものである。本書では、梅棹氏との応接の部分は、紙数の関係上、省略する。

ここで「アジア的専制国家」の人間生態系における位置性が問題となる。アジア的国家の生態系は、過渡的な存在形態であり、確定的な「極相」ではないと廣松は言う。「単位共同体の〈人間―作物―農地〉生態系の部面だけに着目すれば、それが一応の極相に達しているることを認めうるかもしれない。共同体に内属する手工業も含めて、それが一応の極相的状態であると言うこともできよう。だがしかし、このことを以って、所謂アジア的国家が、全体として極相に達していると見做すのは早計である。というのは、国家的規模での生態を総体としてみるとき、都市の商工業も存在するに至っており、いかに〝停滞的〟とはいえ、商品経済の農村共同体への漸次的浸透が歴史的な趨向《すうこう》であって、生態系の構造的変動が遅々《ちち》たりといえども進捗しつつあったからである。この契機をも勘案するとき、アジア的専制国家は決して人間生態系上の最終的極相ではない。……農村共同体そのものの生態学的編制という部面に即するとき、中世ヨーロッパや日本の封建制の基底構造とアジア的共同体とは、はたしてそれほど異質のものであったであろうか？……〈人間―作物―農地〉生態系の契機においても、家族を一応の生活単位としつつ農事の協働的態勢と相互扶助の態勢がとられる地縁的な共同体という構制においても、生態学上の基本的な型としてはむしろ同型的とみるべきではないのか。……（ここでは「政治的・社会的な制度」の「相違面」ではなく――引用者）……まずは〈人間―自然〉生態系としての基本型の同一性に定位して、類同性に止目せねばなるまい。……中世における両地域の農村的共同体と都市的商工業との商品経済的関係の在り方も、むしろ進展の位相差として捉え返さるべきではないかと思う」。

ここで廣松は「〈人間―自然〉生態系は、アジアにおいても、都市の商工業が商品経済の論理によって農村共同体の解体・再編の遷移を進展せしめるかぎり、自成的な遷移過程を通じてやがては工業社会を実現した筈であるとわれわれは思料する」とのべているが、ここは、私としては〈?〉である。アジアの工業化において、〈商品経済の必然的論理が農耕共同体を解体し、農民が都市プロレタリアートに移行してゆく〉というレーニン的論理が、先進資本主義国と多国籍資本に対し従属的な後進国・農業国経済においてどれだけの妥当性をもってきたかということが重要である。現在の多国籍企業の展開においては、農民は農民のままでプロレタリアート（産業労働者）になるのである。だが、この問題は、ここでは、これ以上問題とする必要はないだろう。なぜなら、「商品経済の必然的論理＝自己運動論」はさておき、アジア的農耕社会が、近代資本主義工業化の展開の中で変化を受けてきたのは事実だからである。

そこで「工業における生態系の特質」について廣松は次のように言う。

「彼らの間主体的関係は、本質的にはもはや地縁共同体的ではない。彼らは自給自足は不可能であり、生活必需品を各種商品交換を介して調達することを余儀なくされる。彼らが一種の共同体的相互扶助をおこなう場合であっても、この構造は崩れない。彼ら（実際には『家族』が単位）の対他者関係、間主体的関係は、血縁的でも地縁的でもなく、謂うなれば〝金縁〟（貨幣縁）的である。……これがすなわち、いわゆる『近代市民社会』、つまり資本主義的な商工業社会の間主体的編制の基調にほかならない」。

「人間の社会的編制における間主体的関係の原理は、血縁的・地縁的・金縁的という変遷を閲歴してきた。……この商工的経済体制という生態系は、政治的その他の要因を措いて経済の論理だけに即するかぎり、対自然関係での自動調整機構をもたず、間主体的編成においても自覚的な協働的統制の配備をもたない。この生態系は、商品の流通を介して、資本利潤の原理によって、生態的均衡を調整するのであって、そこでは商品流通が社会的総労働の分業的配分の即自的調整弁を辛うじて形成するにすぎないのである。

われわれは、以上、『人間生態系』の遷移という視角から若干の素描《そびょう》を試みてきた。……今や〝金縁〟的媒介による社会的編制の商工経済が、人類生態系の存立そのものにとって、もはや危険な局面にまで達するに至っているという事実である。新左翼運動の一環として、いわゆるエコロジストの登場が顕揚さるべき所以でもある。人類生態系は、血縁・地縁・金縁に継起する新しい間主体的協働の編制原理、すなわち、グローバルなコミューンの実現を歴史的に要請するに及んでいる」（同、一七四～一七九頁）。

工業化は「金縁」であるという。こういう規定は、廣松ならではと言えそうだ。

●——自然的・社会的環境と〈表象的環境〉

廣松は、更に、人間生態系は「自然的環境」「社会的環境」ばかりでなく、「表象的環境」ということを把握することが、特に重要だと論じる。

「人類史の編制は、〈対自然環境的・間《かん》人間主体的〉な生態系として措定されうるが、それは、「人類」なるものを当事主体として綜観的に立論する場合のことであり、個々人であれ、集団であれ、下位的諸単位を当事主体の位置に置いて立論する場合には、当事主体たち以外の人間集団の存在や営為もまた環境的条件に配位される。（曰《いわ》く、家族的環境・地域社会的環境・国家社会的環境・国際的環境、等々）。この種の環境を『自然的環境』と区別して『社会的環境』と呼ぶことにすれば、社会的環境なるものはしばしば制度的に物象化された相でも現われる。
　人びとの〈環境〉は、しかし、『自然的環境』と『社会的環境』とには限られない。これら二種の環境に関するかぎり、或る意味では動物生態系の一般則ということもできよう。ところが……人々は……情報的に伝達された世界像や共同的に観念された世界像を環境としつつそこに〈内―存在〉している。……人間の場合、感性的知覚に現前する世界だけでなく、観念的に構築された世界をも環境としつつ、この『表象的環境』とのあいだにも一種の生態系を形成していること、このことが人間生態系の一特質として銘記されねばならない」。

　廣松はこれら三つの環境概念は、「相互的浸透の相にある」とし、またそれ以上に「これら三者をそれぞれが物象化した（三者を個別に実体化した――引用者）相で射影的に立てるかぎりで三者の区別が成立するというのが実態であって、元来は全一体なのである」と規定している。

「人間の場合、『表象的環境』もまたユクスキュールの謂うUmwelt（環境世界）の重要な一部をなす。……一般論として、社会慣習的・道徳的な当為《ゾレン》、作法上・経済上・芸術上の価値観、行政上・司法上・外交上の理念、等々、デュルケームの謂う『集団表象』が『社会的事実』として、当事意識主体に対して、外在的・拘束的な現われかたをするかぎり、格別に、当の文化的拘束性をも人間生態学的な〈対環境〉関係の一位相として定位することが要件である」（同、一八〇～一八三頁）という。

　廣松は、そこから、〈人間と自然との関係〉の特質としての「道具」、〈間人間主体的関係〉の特質としての「産業活動の場面での分業を基礎的次元とする多岐多様で高度な社会編成」等、〈表象的環境〉の「共同主観的に形成された観念的世界の」、「当事者たちの日常世界」における「外部的環境世界の一部」としての定立という特質という、人間生態系の特質について論究してゆく。

本論での言及としては、「人間生態系」の概念的摘出の範囲に論究をとどめることにし、これ以上、詳細な論述はその目的を超えると考え、ここまでとする。以上をふまえて、いわゆる「マルクス主義」と、生態系防衛の思想であるエコロジズムとの関係を見てゆくことにしよう。

第二節　いわゆる「マルクス主義」とエコロジズム

●――廣松のマルクス〈改釈〉と「人間と自然の一体化」論

廣松は、「生態史観と唯物史観」の第二章「唯物史観と生態学的視角」で、「マルクス・エンゲルス」が、生態学的視角を保持しており、その文献的根拠として、主要にはマルクス・エンゲルスの『ドイツ・イデオロギー』に書かれている緒論をあげている。

だが、結論から言うならば、ここで分かることは、「生態学的視角」と、〈エコロジズム〉との区別である。つまり、生態学的立場という方法論をとることと、エコロジズムという批評的立場を採ることとの区別と連関の問題である。

廣松は、まず、位置づけとして、マルクス・エンゲルスが生きていた時代は、生態学の「学祖」として、「ダーウィンやヘッケル」を挙げるにしても、「学問としての確立をみたのは今世紀（二〇世紀――引用者）を俟ってのことであり、マルクス・エンゲルスは生態学体系を知る由もなかった」と、位置づける。だが「わけても生態学の場合、ヘーゲル学派の或る基底的モチーフと共振するものを秘めている。それ故、マルクス・エンゲルスが生態学と共通の視座を固めたとしても、それは寧ろ自然の成行と諒解される」とし、以下の『ドイツ・イデオロギー』における文例を提示している。

「人間史全般の第一の前提は、いうまでもなく、生身の人間諸個人の生存である。それゆえ、第一に確定さるべき構成要件は、これら諸個人の身体組織ならびにそれによって与えられるところの、彼らと爾余の自然との関係である。われわれはここでは勿論〈詳しくは〉人間そのものの肉体的特質についても、また人間が眼前に見出す自然的諸条件、地質学的、山水誌的、風土的その他の諸関係についても、立ち入ることはできない。〈が、これらの諸関係は、人間の本源的な、自然性的な組織、とりわけ人種的差異を条件づけるだけでなく、人間のその後こんにちにいたるまでの進化または非進化を条件づけている〉。歴史記述なるものはすべて、この〈全歴史の〉自然的基礎ならびにそれが歴史の行程中において人間の営為によって蒙るそれらの変容から出発しなければならない」。

これを、マルクス・エンゲルスの唯物史観が「生態学的な了解から出発」しているとするのである。「生態学が、当事主体と環境条件とを統一的な『系』として把握《はあく》する際、それは決して単に、生物にとっての環境を顧慮《こりょ》するという点に主眼があるのではない。……当事主体群の営為が環境条件を改造していくこと、そしてこの改造的変様が生体群の在り方を逆規定すること、この相互規定的なダイナミックな関連に主眼がある。マルクス・エンゲルスは、まさにこの点を押さえることにおいて、いわゆる『地理的決定論』や『風土史観』のたぐいと相岐《あいわか》れ、対象的活動としての『実践』の立場を、生態学的な場面において定礎する」（同、六七〜六八頁）。

このように、たとえば「感性的世界は、……世代から世代へと続く一系列全体の活動の成果であるという意味で、産業と社会状態の産物である」「生産こそが、今日実在する全感性的世界の基礎なのである」というマルクス・初期エンゲルスの「ドイツ・イデオロギー」からの援用など、廣松は基本的に、このような観点を、複数個のマルクス・エンゲルスからの引用において論述している。また、この「ドイツ・イデオロギー」や、マルクスの「経済学・哲学草稿」などの所論から、「マルクス・エンゲルス」は「人間と自然の統一」を「生産」に定位して問題にしているとし、廣松は、「そこでは『人間』『意識』『生産』『自然』といった一連の概念が〝改鋳〟されており、いうところの〈人間―自然〉態系はまさに総世界的な存在論的次元で捉え返されているのであって、〈間人間的―対自然的〉な生態系的統一態＝「歴史」の措定は、近代哲学流（ここでは「物―心」二元論などにおいて、「精神」と「物質」、「人間」と「自然」を、二元的に実体化する考え方を指す――引用者）の地平の超出、そのパラダイムの排却と相即すること、この点までは納得される筈である」（同、七九頁）と述べる。

本論著者としては、そのマルクスの立場性は理解できるし、共感もするけれども、そうした、「生態学的立場」と廣松がいっているものは、いわば「方法論的」な論法如何の域を出ず、実践的エコロジズムに対しては、ある種のニュートラルな立場であるという判断をぬぐうことができない。なぜなら、そうした、産業・生産と自然との相互規定的な物質代謝の、まさに、中味・内実が問われなければならないからだ。

自然環境と〈共生する〉生産・産業もあれば、環境〈破壊を徹底的におしすすめる〉生産・産業もある。近代は、まさに、そのように、環境破壊をおしすすめてきた。資本主義における環境破壊は、通常、その経緯は認識されているはずだ。

本論では、「マルクス主義」とエコロジズムの歴史的諸関係の問題として、「社会主義」（ソ連スターリン主義）における、環境破壊が、そうしたマルクス主義の人間の「自然」に対する「改造」として、推し進められた歴史を捉え返す。

ソ連「社会主義」（官僚制国家資本主義）と環境破壊の問題に入ってゆこう。

最後に、再び廣松が、エコロジズムをそれとして論じているものを見てゆくことにしよう。

●──生産力主義（物質主義）に彩られたスターリンの〈生産〉概念

ソ連「社会主義」の場合、エコロジズムとの関係でいうならば、スターリン哲学のような「人間と自然の二元論」が、まず問題になるところである。それは根底的に克服されるべきものとしてある。以下はスターリン『弁証法的唯物論と史的唯物論』（国民文庫）での生産概念の規定である。

ここでは、これまで見てきたような、マルクスの「生態学」的方法論以前的な、機械論的タダモノ主義が、本論における批判の対象となる。

(1)スターリンにとって生産とは「物質的財貨」の生産と規定される。それは「食物、ハキモノ、住居、燃料、生産用具など社会」が「必要とするものの生産」のことである。「社会の特性や社会制度の性格を決定し、一つの制度から他の制度への社会の発展を決定する社会の物質的生活の諸条件の体系における主要な力」と定義される。これが「人間の生存に必要な生活手段の取得の様式」=「生産の様式」である。生産様式は「生産力」と「生産関係」の統一であるとされる。

(2)生産力とは「物質的財貨の生産に使われる生産用具」と「生産用具を活用し生産を実現する人間」であるとされる。これは「物質的財貨の生産に利用される自然物や自然力と人間との関係をあらわす生産様式の一つの側面を形成している」との位置づけだ。

(3)生産関係とは「生産のもう一つの側面、生産様式のもう一つの側面を形成しているものは、生産過程における人間相互の関係、すなわち人間の生産関係である」とされる。

(4)生産力には次のような意義が与えられた。

「生産力は、生産のもっとも活動的な革命的な要素である。まず、社会の生産力が変化し、発展して、そのあとに、それらの変化に依存し、照応して、人間の生産関係、人間の経済関係が変化する。……生産関係は、生産力の発展に依存して発展しながら、逆に生産力の発展にはたらきかけ、それをはやめたり、おくらせたりする」。

(5)生産力の発展をつうじて「生産手段の私的資本主義的所有は、生産過程の社会的性格、生産力の性格とはなはだしく照応しなくなる。この不照応の結果は、生産力の破壊をもたらす経済恐慌であって、そのばあい、この不照応自体が、社会革命の経済的基礎であり、社会革命は、現存の生産関係を破壊し、生産力の性格に照応した新しい生産関係をつくりだすことを使命とする」という。

(6)「生産関係が生産力の性格に完全に照応している例は、ソ連邦における社会主義的国民経済であって、そこでは、生産手段の社会的所有は、生産過程の社会的性格に完全に照応しており、そのため経済恐慌も生産力の破壊もない」。「だから、ここでは生産力は加速度で発展しつつある」。

＊だが実際はザスラフスカヤの「ノボシビルスク覚書」によっても明らかなように、スターリン時代からこの覚書がでる一九八三年までソ連の経済はほとんど発展していないというのが現実にあったことだ。その結果農産物の自給ができず、アメリカからこれを輸入するということになったのである。

以上がスターリンの生産の基礎概念である。だがここに論述されているものは、およそマルクスの唯物史観とはまったく異質なものだという以外ない。

(1)生産の概念をめぐる問題。ここでは人間的自然の生産というマルクスの視点が問題となる。スターリンは生産を「物質的財貨の生産」にきり縮めているのである。〈生産〉はマルクスにおいてはまず「欲求を充足させる手段を創出すること、つまり物質的生活そのものの生産」である。それによる「新しい欲望」の産出、「自らの生を日々更新する人間たちが他の人間たちを作り始める。……新しい人口が新しい欲求を創出する」。「人間相互間の唯物論的な連関」この四契機が「社会的活動」＝生産の契機である（『ドイツ・イデオロギー』、廣松渉編訳、小林昌人補訳、岩波文庫、五一～五六頁）。つまり、マルクスの生産活動が、人間的自然それ自体の生産活動、人間生態系の再生産という視点であるのに対して、スターリンの捉え方では、人間生態系の再生産という視点がなく、生活・生産の道具・用具のための生産に生産概念を切り縮めているのである。

(2)生産力と生産関係の二元的把握について。ここでは協働が問題となる。廣松は述べている。「『協働』をそのポテンツ（潜勢力——引用者）の相で概念化したものが『生産力』であり、当の『協働』をその連関の相で概念化したものが『生産関係』である」（『唯物史観の原像』三一新書。九八頁）と。

廣松は言う。「（スターリンによれば——引用者）生産力とは『物質的財貨の生産に利用される自然物や自然力との関係をあらわす生産様式の一側面』であり、生産関係とは『生産過程における人間相互の関係というもう一つの側面』である」。だが「われわれのみるところでは、マルクスは、生産という対象的活動、本源的に協働として営まれるこの対象的活動の動力学的・有機的な総体性を概念化しているのであって——この動力学的総体は、人間と自然との悟性的裁断と固定化を許容せぬごとき、まさに有機的な総体であるがゆえに——二半球的な振り分けとは異質なとらえ方をしている。ちなみに、生産力を〝人間と自然〟との関係として裁断してしまう悟性的図式化では、分業的協業による結合労働の生産力——スミス以来強調され、リストが『国民的生産力』の概念で顕揚し、そしてマルクスが『資本論』であれほどの力点をおいて説いたこの契機——社会的生産力の概念にとって本質的なこの契機が宙に浮いてしまうであろう。この一事をとっても、〝正統派〟的な悟性的概念化は、マルクス的発想をただしくとらえる所以にはならないと考える」（同、九五～九六頁）ということだ。

つまり以上のように廣松が言っていることを、マルクスの『ドイツ・イデオロギー』に例をとって検討してみよう。

「社会という意味は……複数の諸個人の協働」であって「一定の生産様式ないし産業段階は、常に一定の協働の様式ないし社会の段階と結びついている。そしてこの協働の様式がそれ自身一つの『生産力』であるということ、そして人間たちが手にしうる生産諸力の大きさが社会的な状態を条件づけるのである」（前掲、『ドイツ・イデオロギー』、五五頁）。

このマルクスの規定をスターリンの公式に適用した場合、「協働の様式」つまり生産関係（スターリンによって人間相互の関係と規定された生産関係）が「生産力」ということになってしまう。だが、この協働はまた、人間と自然の物質代謝の過程（スターリンの公式では生産力なるもの）としての協働（生産関係）でもあるわけだ。だから人間─自然関係＝生産力、人間─人間関係＝生産関係という二元論は成立しないのである。廣松が生産力と生産関係が協働の諸側面であると概念規定した根拠がここにあるということだ。

(3)生産力の概念をめぐる問題。スターリン独裁下の一九五〇年に出版されたコンスタンチーノフ監修の『史的唯物論』（上巻、大月書店）では、生産力から「労働対象」が排除されている。ここにも人間生態系への無理解がある。「しばしば『生産力』という概念に、生産用具と労働力だけでなく、労働対象（原料、資料）までが含められている。しかし、これには根拠がない。問題は、ひとびとが生産過程においてそれに働きかけるところのまわりの自然も、広義における労働対象だということである。鉱業においては――それは鉄鉱石や炭層であり、漁業においては――それは水中の魚類、等々である。生産力のなかに労働対象を含めることは不正確といわねばならない。つまり、それは、生産力の概念のなかに地理的環境の一部分をもちこむことを意味するからである」。だが「労働対象を生産力のなかにいれないことによって、それを計算から除外し、それにたいして生産上の意義を与えないということにはけっしてならない。すべての労働対象は、すでに労働の作用をうけたものをそのなかにふくめて（たとえば、半製品——綿屑や紡糸）、生産用具とともに、生産手段を構成する」。つまり「生産力とは、物質的財貨の生産のために社会によって利用される自然、対象および自然力にたいする、社会の能動的関係である」（一〇九頁）とのべている。

このコンスタンチーノフらの「自然、対象および自然力に対する社会の能動的関係」という概念は、生産力についてのスターリン主義の共同主観的概念規定であるということができる。なぜならそれはスターリンが一九三〇年代以降急速に展開していった「自然改造計画」やルイセンコ学説などの経験を受けて、その中でソ連邦の公式文書として刊行された文書でいわれているものだからである。

ここではまさに人間と自然との二元論が展開されている。これだと例えば近代文明の源泉の一つであった石油が生産力から締め出されることになる。燃料「として」の石油は近代工業を条件づける生産力である。石油というエネルギーの性質からくるいろいろな活用に規定されて、いろいろな生産に必要な用具が発達してきた。だがそれが生産用具〈なるもの〉と区別され、生産力ではないとされる。

マルクスは自然と人間の相互関係を次のように展開する。「自然に対するこの一定の関わり合いは、社会形態によって条件づけられ、かつまた逆に社会形態を条件づける。どこでもそうであるが、ここでも自然と人間との同一性は、自然に対する人間たちの局限された関わり合いが彼ら相互間の局限された関わり合いを条件づけ、そして、人間相互間の局限された関わり合いが自然に対する彼らの局限された関係を条件づける、という具合に現われている」（前掲、『ドイツ・イデオロギー』、五九頁）。まさに自然とその一部である人間は、相互規定的な函数的連関のなかで存在しているということがわかるだろう。石油という地理的環境の産物を生産力から排除することはできないのである。

これに対しスターリン主義者は生産力を「生産用具」と「労働力」に限定し、これを「社会の能動的関係」という形で規定することで、それとは違った、自然、地理的環境における資源を除外するという区別をなしているのだ。

だがたとえば労働力は地理的環境に影響されないのか。そもそも人間は地理的環境の中でその一部として成育する。産業も育成される。それはそれが育成する条件であり、それを人間生態系というのだ。マルクスの唯物論においては人間と自然の二元論には絶対にならないのである。

だが、われわれが見なければならないポイントは、ここにはある含意があるということだ。スターリン主義の生産力概念が含意するものは、「自然改造計画」（地理的環境の人為的操作）などによって展開された〈人間は自然を改造できる〉ということ、このことと生産力＝〈自然、対象および自然力に対する社会の能動的関係〉という概念とが同置している（重なり合っている）のだということだ。人間＝生産力 vs 生産力の対象＝自然という二元論が成立しているのである。

●――ソ連生産力主義のイデオロギー性

まさにスターリン主義者は生産力を「自然、対象および自然力に対する社会の能動的関係」だとのべた。この人間と自然の二元論がどのような歴史を画したかを確認しておこう。

M・I・ゴールドマンは『ソ連における環境汚染』(岩波書店、七四頁以降)で次のように分析している。

「自然は人間により開発利用されるためにこそあるという考え方は、ソ連における生活活動倫理の真髄ともいうべきもので、それは、自然に影響を与えるような大事業計画にかんしてだけでなく、工場内での日常的な労働態度にかんしても言えることなのだ。ソビエトの労働者は、一九世紀の長老教会派を想起させるような説法調でもって、生産を増大させ自然の上に立つものとしての彼の使命をまっとうするよう要請される。このような態度は、不可避的に自然保護論者の倫理と衝突するし、環境と衝突するものであることはいうまでもない。何人かのロシヤの経済学者が批判的に指摘していることだが、ソビエトの経営者のなかには、計画を完遂して割増し金をかせぐためには、汚染にたいして課せられる罰金を進んで自ら招くように行動するものがある」。「生産拡大への圧力が何よりも優先されているために、公害規制の設備に金を使うことには、通常、刺激誘因もほとんどないし、また特別の奨励措置もない。公害規制のために使われる金は、普通は非生産的な支出である。……工場の経営担当者は、彼の管轄にある投資資金を『生産』から『自然保護』に向けることにかんしては、きわめて消極的にならざるをえない。もしも彼が自然保護の途を選ぶようなことをしたとすれば、ソ連における現在の刺激誘因制度のもとでは、彼が受けとるボーナスは、おそらく大幅に減らざるをえないだろう」。ある工場の責任者は工場からの汚染に対し処理設備を設置せよと要求されたのに対し「要求することは、常に簡単である。しかし、計画はどうなるか。工場に生産をやめよと命令するつもりなのか。そこには弁証法的矛盾がある。われわれは、文明と自然保護とのあいだの選択をしなければならないのだ」と。ソ連の処理施設計画は、「ロシヤ共和国ではめったに七五パーセント以上達成されたためしがなく（つまり単純に考えたばあい、四工場に一つは環境対策をやっていないということになる——引用者）、トゥルクメンでは一九六三年にわずか六パーセント達成されたにすぎない」。つまり、生産ノルマに追われ環境整備を費用化することは、脅迫的に桎梏となっていたということだ。

このような中で、バイカル湖（一九五〇年代後半以降、紙・パルプ工場、製材工場の建設と廃液、廃棄物の流入。土壌をおおう樹木の伐採。その他の人為的破壊によって、魚類の壊滅、硫酸塩などの化学的汚染が深刻化した）などをはじめ工場からの排水で河川は汚染されてしまったのである。ここでみておく必要があることは、汚染処理に対して生産計画ということが、まさにイデオロギー的に優先され価値づけられているということである。

ここで以上のようなソ連の「開発独裁」について、更にいくつかの例を、ゴールドマンの前掲書に依ってあげてみよう。

例えば一九三〇年代の初めカスピ海にそそぐヴォルガ河にスターリンは一三の大型ダムを建設すると表明、目的は電力と灌漑用水だ。ヴォルガ河はカスピ海に加えられる水総量の八〇％を負っている。だからヴォルガ河の流れをかえることはカスピ海に致命的なダメージをあたえたのである。この結果、水位が低下した。この水位の低下により水質汚濁を除去することが困難になる。汚染を除去するためには排出物を無毒な程度にまで薄めることがポイントになるが、水位が低下すると稀釈度はすくなくなってしまうからだ。汚染物質の集中の度合いも大きくなる。だから石油の産地であり産業活動がさかんなカスピ盆地では水質汚染が深刻化した。

さらにカスピ海への石油の流出が汚染を加速した。「カスピ海で五二〇〇平方キロにわたって石油が流されたこともあるといわれる。……一九七一年一月に井戸の一つで大火災がおこり、一ヶ月近くも手のつけようがなかった。火が消された跡には、破片や油膜が広い範囲にわたって海を覆った。……石油の流出は、カスピ海の沿岸に沿って建てられている幾つもの製油所からも発生する。多年にわたり、製油所はその廃棄物を処理する努力をほとんどしていなかった」（同、二五〇頁）。

さらに、一九三七年にはスターリンは運河を掘り、モスクワ―ヴォルガ河―カスピ海をつないだ。モスクワからは一九三三年にヴォルガ河―白海―バルチック海との連結ができていたので、モスクワは北の海と水でつながった。「スターリンがヴォルガ河とドン河とをつなぐ運河を一九五二年七月に完成したときには、船がモスクワからアゾフ海や黒海に航行することもできるようになった。このようにして、ヴォルガ河からの水によってモスクワは五つの海に通ずる港に変容されたばかりでなく、モスクワと中央ロシヤは工業用および民需用の水の供給の増加に直接あずかることとなったのである」(同、二四二〜二四四頁)。

このような事業はつぎのような問題をもっていた「新しく建設されたダムや貯水湖の背後で貴重な土地が失われることも多かったし、それに加えて大量の水が失われた。地下水となって消える水も一部あったけれど、大量の水が空中に蒸発してしまったのである。河川から灌漑用の運河へ転換される水の量がしだいに増加したこととあいまって、河川のながれは、海に到達する頃にはひどく減るようになった」(同、二四四頁)ということだ。

こうした感慨事業による環境への影響をもっとも象徴しているのが、アラル海にそそぐ主要河川の灌漑事業(綿花、水稲での使用)だ。第二次大戦後始まったフェルガナ盆地、ウズベキスタン、タジキスタン、キルギスなどの灌漑のためにアラル海にそそぐシル・ダリヤ河の水を、カラクルのオアシスへは同じくアラル海にそそぐアム・ダリヤ河の水を、運河を造り吸い上げた結果、アラル海は水位が低下してゆき、ついにその半分が干あがってしまったのである。アラル海は塩分濃度が急激に上昇し、縮小によって塩沼がつくられ拡大した。こうして年間五万トンの漁場が消滅してしまった。また塩害が発生し農業の衰退、健康被害などが深刻化しているのである。

そして、次のようなことが指摘されるべきだ。ソ連邦におけるダムの貯水面積は「一二〇〇万へクタールであったが、そのうちの六〇〇万ヘクタールは、それまで農作物のために使用されていた土地か、またはそれに使うことの可能な土地から成っていた」(二八四頁)ということである。

これら開発独裁では、広範囲にわたる大量のダム建設と灌漑の副作用として起こっていった土壌の塩性化をあげなければならない。過度の吸水は地下の塩分の上昇をまねく。地表に塩類が集積するのだ。

「アカデミー会員ゲラシモフによると、塩性化は『今ではわれわれの灌漑された土地の相当な部分に拡がっている』とのことであり、彼は続けて、塩性化は土地の生産性を低めるだけでなく、灌漑された土地を全く使いものにならなくしてしまうこともあると指摘している。彼のデータによると、中央アジアで塩性化のために放棄された土地の総面積は、新しく灌漑された土地の面積よりも大きい」(同、二八五頁)という事態になったのである。

まさにこのようにスターリン時代から展開された「自然改造計画」は、完全にソ連邦を環境破壊のなかに陥没させてしまったのである。農地を水没させ地域の生態系を破壊し、その環境対策のおくれは当然、都市―工業労働に従事する労働者の健康を蝕んでゆくという問題として展開する以外なかったのである。

そしてこのソ連におけるパラダイムこそ、人間と自然の二元論にもとづく「生産力=自然力に対する社会の能動的関係」という近代工業主義・科学主義の考え方だったのだ。ちなみにこれらの計画はシベリア開発などまだまだ事例にことかかない。まさにこれがチェルノブイリ原発事故へと結果したスターリン主義の生産力主義とその破産の歴史にほかならない。まさにスターリン型の生産力概念の克服、生産と生活の質の変革（論）の必要性ということが課題となるのである。

＊また、農業における「開発独裁」たるルイセンコ学説の問題については、拙著『ロシア・マルクス主義と自由』（社会評論社）六八頁以下を参照せよ。

●――チェルノブイリ・クライシス

まさに、こうしたスターリン主義開発独裁の一つの結末として、起こったのが、一九八六年四月二六日に起こった、ソ連（当時、現在はウクライナ）のチェルノブイリ原発における核爆発事故にほかならない。この大規模公害事件については、膨大なデータが存在する。が、ここでは、この事故にいたる、ソ連スターリン主義の展開していた考え方のみを、指摘しておく（なお、本論著者の原子力事故についての考え方については、拙著では、『世界資本主義と共同体――原子力事故と緑の地域主義』（二〇一四年、社会評論社）を参照してほしい。基本的に本論著者の考え方は「ゼロベクレル派」（反原発＝反被曝――完全予防原則主義者）だ）。

ソ連の『経済学教科書』（第四分冊、合同出版）では次のように「共産主義」の社会の「物質的・技術的基礎」が言われていた。「エネルギー産業のきわめて将来性のある発展方向で、その基礎自体に革命をもたらすのは、原子核エネルギーのますます広範な利用である。ソ連邦の原子力工業は、科学技術にたいして放射能元素を供給しているが、これらの元素は工業や農業や医学でますますひろく利用されている」。「げんざい科学は、それが解決されればエネルギー産業の分野と生産力の発展の最大の変革となるような、根本的な課題に直面している。それは熱核反応をつくりだすことである。この問題が解決されれば、人類は実際上無尽蔵のエネルギー源を自由に管理し、永久に燃料の心配から解放される」。「全面的電化」「生産の総合的機械化」が展開され、「高度な機械技術が……大気汚染を防ぐ」といったように、すべてが工業文明と科学の発達に依拠していたのである。そして事態はソ連のスターリニストたちが意図したこととは反対に、チェルノブイリ原発事故によってその工業・科学主義は一挙に破産してしまったのである。

●──エンゲルスの法則実在論

以上のことの問題を深めるためには、スターリン主義の「自然改造計画」の先鞭をつけたものとしてエンゲルスの法則実在主義的な科学認識があったことが論じられるべきことだ。

エンゲルスは「自然の弁証法」において次のように述べている。「どんな動物のどんな計画的行為も、ついに彼らの意志の刻印を大地にしるすまでにはいたらなかった。そうするためには人間が必要だったのである。動物は外部の自然を利用するだけであって（動物と自然の二元論。これが後述する「土地倫理」とは全く対立する考え方だということはわかるだろう──引用者）、たんに彼がそこにいあわせることで自然のなかに変化を生じさせているだけなのである。人間は自分がおこす変化によって自然を自分の目的に奉仕させ、自然を支配する。そしてこれが人間を人間以外の動物から分かつ最後の本質的な区別であって、この区別を生みだすものはまたもや労働なのである」。

だが、エンゲルスは次のように書くことを忘れなかった。

「しかしわれわれは、われわれ人間が自然にたいしてかちえた勝利にあまりに得意になりすぎることはやめよう。そうした勝利のたびごとに、自然はわれわれに復讐する。……メソポタミア、ギリシア、小アジアその他の国々で耕地を得るために森林を根こそぎ引き抜いてしまった人々は、そうすることで水分の集中し貯えられる場所をも森林といっしょにそこから奪いさることによって、それらの国々の今日の荒廃の土台を自分たちが築いていたのだとは夢想だにしなかった。アルプス地方のイタリア人たちは、北側の山腹ではあれほどたいせつに保護されていたモミの森林を南側の山腹では伐りつくしてしまったとき、それによって自分たちの地域でのアルペン牧畜業を根だやしにしてしまったことに気づかなかった。またそれによって一年の大半をつうじて自分たちの山の泉が涸れ、雨期にはそれだけ猛威をました洪水が平地に氾濫するようになろうとは、なおさら気がつかなかった……」。だからエンゲルスはこのような自然への支配は「自然の外にあって自然を支配する」ように支配するのではなく、「われわれは肉と血と脳髄ことごとく自然のものであり、自然のただなかにあるのだということ、そして自然にたいするわれわれの支配はすべて、他のあらゆる被造物にもましてわれわれが自然の法則を認識し、それらの法則を正しく適用しうるという点にあるのだ、ということである」。「自然科学が長足の進歩をとげてからというもの……支配することを習得しうる立場になってきている」（マルクス・エンゲルス全集第二〇巻、大月書店、四〇一〜四〇二頁）のだと。

エンゲルスのいっていることは、人間も自然の一部だといいながら、自然の働きを人間の共同主観性から完全に独立した「法則」〈なるもの〉によって説明しようとしている点で、自然（法則）と人間の二元論となり、その「法則が実在する」ということを近代の科学技術によって説明していく、まさに法則実在論の機制となっているのである。

廣松の唯物史観の定義では「法則」は次のように捉えられる。

「唯物史観は、歴史界に既定の決定論的な法則性が自存するなどとは考えず、故に亦、既存する必然的法則とやらを発見しようと志向することはしない。だが決定論的な歴史法則が自存するわけではないということは、歴史界には何らの法則性も存立しないという謂いではありえない。所与の自然的・社会的な諸条件下における人々の集合的営為は、成程一義的な決定論的法則でこそなけれ、蓋然的な法則的軌跡を描く。唯物史観は、この意味での『歴史法則』を定式化しようと図るばかりでなく、そもそも人々の営為が如何にしてそのような『歴史的法則性』を現成せしめるか、その機制をも説明する」（『マルクスの根本意想は何であったか』、情況出版、一九〇頁）ということなのである。

法則の機制は歴史・自然法則とも同じである。法則は観測対象に対する人間の共同主観的関わりをつうじた対象との相互関係・相互動態を整合的に説明するためにその関係それ自体が「法則」として物象化され自存化し、自己運動すると思念されることによって捉えられたものにほかならない。そこで廣松は一義的法則決定論に対して「多価函数的連続」という多義的決定（同一の原因から二つ以上の結果がそれぞれ一定の確率で生じうる）ということをいったのである（この法則実在論の問題については本書第四章「ロシア・マルクス主義の法則実在論と実体主義的科学観」を参照）。

エンゲルスは法則への認識を深めることで人間と自然は一体であることを「知るようにもなるであろう」といっているのであるが、こうした法則と人間の二元論は完全にスターリンの生産力規定である「自然力に対する社会の能動的関係」へとつらなってゆくものである。

この思想においてスターリンらは彼らが思念したところの「自然の法則」なるものに基づいて（それを正当化の根拠にして）「自然改造計画」を展開し、国家的規模の環境破壊を作り出したということだ。

第三節　廣松哲学と環境破壊〈近代〉の超克

●――「近代産業社会と生態学的制約の忘失」

廣松は、「生態史観と唯物史観」の「附論　生態学的価値と社会変革の理念」（前掲、廣松渉著作集第一一巻、所収）において、「二、近代産業社会と生態学的制約の忘失」「三、生態学的危機とエントロピーの収支」というところで、近代社会の環境破壊を次のようにまとめている。この文章は、一九八二年一一月に、『東北大学新聞』に発表されたものだが、すでに、一九八六年のチェルノブイリ原発事故のような原発事故に言及しており、これを必ず起きうるものと考えている。また、論脈が近代世界総体に関わるパラダイム的な意見表明であり、二〇一六年現在においても、進行中の問題に対する問題提起となっている。

廣松は「資源枯渇」と「人口調整」について触れた後、次のようにのべている。

「人間生態系の人口扶養力は、天然自然の条件によって一義的に決定されるものではなく、生産技術水準の関数である。（生産技術の開発という文化的契機を構造的要因としている点において、人間生態系は動物生態系一般から区別される）。そして、可能的生産技術を現実に活用するか否かは社会的生産様式の関数である。生産技術と生産様式とは相互媒介的に規定し合う」。

「資本主義が汎通的に確立した商品経済、市場経済においては、人々の経済的活動を律するのは、高橋洋児氏の用語法を援用して言えば、有用物獲得志向と利潤獲得志向とであり、しかも、間主体的な交換の場面においては〝等価〟交換、当事者双方に同等な満足をもたらす交換が『正義』だとされる。ここにおいては、いわゆる『労働力の商品化』が生じており、人間労働をどれだけどのように投入するかは、もっぱらそれのもたらす市場経済的な価値を規矩として決定される。商品市場経済にあっては、これは何も近代資本主義的なそれに限らないのだが、乱獲・乱伐・乱掘であろうと、或いはまた環境破壊に通ずることであろうと、このような人間生態学的視座からする配慮的評価は行動を律する原理ではなく、もっぱら有用物と利潤との獲得が行動原理をなす。なるほど、市場経済においても、資源の希少性や有限性が全然顧慮されないというわけではない。だが、それは、人間生態系の観点から配慮されるのではなく、単に市場経済上の価格を規制する一要因として勘案されるにすぎない」。

「資本主義の生産技術は、各種資源の利用可能性を以前には夢想だにできなかったほど拡大し、工業製品との交換により、他地域から食糧を大量に輸入することが可能であったという歴史的条件にも恵まれて、人口扶養力を飛躍的に拡充した。この現実の一投影として、人びとは、あたかも資源が無尽蔵であるかのごとく、また、人口扶養力が無限であるかのごとくに生態学的な限界条件など顧慮することなく、経済活動を展開してきたのであって、そこでは、効用と利潤の市場経済的な原理の前に、人間生態学的価値規範は忘失されてしまった。

(われわれはこの論脈において、玉野井芳郎氏が従来の経済学に対する反省的批判にもとづいて提唱しておられる視座の転換に留目させられる)。

今や、しかし、人間生態学的制約条件のこの忘失が、もはや許されない局面を迎えるに至っているのである。それにもかかわらず、人びとは、従来通りの市場経済的価値基準のままで経済活動を続けている。今やこの故に、人間生態学的危機が招来されつつある次第なのである」。

●――「生態学的危機とエントロピーの収支」

「われわれは、今日、人口問題や資源問題もさることながら、環境破壊の問題に格別な意を払う必要がある。環境破壊の可能的危機の最たるものは、言うまでもなく、核戦争や原子力施設の大規模爆発である。がしかしここでは日常的な産業活動にかかわる部面に当座の議論を限定してもよい。

近代工業は、人間生態系中に元来は存在しなかった地下資源の利用や新規化合物の利用をもたらし、人間生活にとっての有用物を飛躍的に拡充したが、それの副産物や廃棄物を大量に環境内部に放出・累積する所以となった。PCBなどのごとき直接に有害な物質群による大気や地表の汚染もあるが、専門家たちがより一層恐れているのは、それ自身では有害ではない炭酸ガスや熱の過剰蓄積のたぐいである。炭酸ガス層のいわゆる温室効果による大気温度の上昇、両極の氷塊の解凍、海面上昇、大陸沿岸の平野部、都市部の浸水、或いはまた、酸化窒素の大量な上昇に伴うオゾン層の破壊、紫外線の大量な降散、身体組織への悪影響、このようなSF的とも思える危険性が、現在のような化石燃料消費を継続すればさして遠くない将来に現実化することが警告されている。

市場経済の論理、近代産業社会の論理は、人間生活にとって当座の有用物を獲得し、それにもとづいた経済的利潤をおさめるさい、それの伴いうる生態学的なマイナス価値を考慮しない」。そして、その際たるものとして、原発を例にあげることができると、廣松は論じている。

●——原発の生態学的マイナス価値

「原子力発電は、企業利得をもたらすにせよ、理論経済上の計算に即してさえ、必ずしも収支をつぐなわない。それが核兵器生産というスペンディング（浪費）の副次関連産業として営まれているかぎりで、原子力発電燃料（ウラン）の価格が比較的低い水準に抑えられている現状のもとですら、発電施設への厖大な投資の減価償却を勘考するとき、コストをペイしない。論者たちのうちには、石油や石炭のいわゆる化石エネルギー資源の枯渇に対処すべく、現在は赤字でも、先行的な研究・開発の投資として原子力発電事業が必要だと説く者もある。なるほど、市場経済の論理だけでみるかぎり、原子力の発電が将来ペイするようになることも一応は考えられる。

しかしながら、昨今の研究では、原子力発電が化石エネルギーの節約に真になりうるか否か、大いに疑問視されている。すなわち、原子力発電による一定量の電気エネルギーを取得するためには、採鉱・製錬、各種設備、廃棄物の退蔵管理などのために厖大なエネルギーを投入する必要があり、エネルギー収支（もちろん保存則が云々されるごとき純粋に物理学的次元でのそれではなく、産業的有効エネルギー収支）がつぐなわないのではないかとの疑問である。特に廃棄物の処理が深刻な問題になる。老廃した燃料棒だけではない。巨大な原子炉自身もやがて老朽化する。寿命のつきた原子炉自体放射能を帯びており、これを密封して、何百年、いな、何千何万年も保管しなければならない。宇宙空間にロケットで放出したり、海底プレートに埋め込むとしても、それはそれで莫大な費用がかかる。現状では、密封廃棄物が次々に累積されており、核廃棄物の最終的な処理の目途が立たぬまま、子孫に『ツケ』を廻している始末なのである。（この点については、高木仁三郎氏の一連の論著を参看されたい）。

　市場経済の原理においては、金銭的価格次元での収支は勘案しても、エネルギー次元での収支を規矩《きく》すべくもない、いわんや、エントロピー次元での収支など考慮すべくもない。しかるに、生態学的な価値評価基準からするとき、エントロピー次元でのバランスシートこそ真剣に考慮されるべき一要件である。（この件については、河宮信郎・槌田敦・室田武氏などの一連の論稿を参照されたい）。人間生態学的な危機を回避・超克するにあたっては、エントロピー次元でのこの件を自覚的に処理することが鍵となる」（同、三〇七〜三〇九頁）。

　核開発が人間生態系にとって、それをどれだけ破壊することになるか、それは、まさに、チェルノブイリと、福島の原発爆発が、はっきりと、あきらかにしてきた事実に他ならない。

　ここで、かかる人間生態系の概念について、その位置づけを整理しつつ、本論のまとめに入ってゆくことにする。

●──「人間生態系」概念の「人間中心主義」的限界と「土地倫理」という考え方
──「生態学的モデル」との相関として

廣松は、「附論」の最後の方で「人間生態系」「人間生態学」という「人間」を冠した用語自身について対象化し、次のように述べている。

「附言すれば、筆者は『人間生態学的価値基準』なるものが所詮は『人間』中心主義的であることを自覚している。この次元での〝人間中心主義〟は、ヒトという動物種の〝宿命〟であると弁疏《べんそ》せざるをえない。但し、筆者は、現在における人間生態系には階級的差別と対立が構造的契機として現存する事実を見据えるが故に、現状における階級性を無視した『ヒューマニズム』にそのままくみする者ではありえない。筆者は、また、近代思想流の『人間対自然』という対立図式を卻け、生態系に内存在する人間に定位するが故に、近代思想流の『人間中心主義』は、その拠って立つ地平ともども超克さるべきものと考える」（同、三一〇〜三一一頁）と。

では、どのように、人間中心主義を払しょくしうるか。本論著者（渋谷）としては、そのヒントの一つが、以下に紹介する、「土地倫理」という考え方ではないかと考えるものである。

ここでは、本書第四章第二節でみた、廣松が謂うところの「生態学（エコロジー）的モデル」、「多価函数的決定」ということが、そのままの形で、活きている。

エコロジズムの古典の一つである、一九四九年、アメリカで出版されたアルド・レオポルドの『野生のうたが聞こえる』（講談社学術文庫）は、「土地倫理」ということを提起している。これとの応接をしてみよう。

「人間の自分勝手な経済的観点だけにもとづいた自然保護体制は、どうしようもなく偏ったものである。これでは、土地という共同体のなかの、人間の商売の役には立たないが（われわれ人間の知る限りでも）その共同体の健全な機能に欠くことのできないと思われる数多くの要素をないがしろにし、ひいては絶滅させてしまう結果になる」。

そしてレオポルドは「土地」の概念を「土地ピラミッド」といっているのである。

「一番下の層が土壌である。土壌の相の上が植物層、次に昆虫層、鳥とげっ歯動物の層と続き、その他さまざまな動物を経て、最上段は大型の肉食動物の層という構造だ。同じ層に所属する種はどれも、起源や外観が似ているのではなく、お互いに食べる物が似ている。どの層の場合も、食料のほか多くの便宜を下の層に依存し、かわりに上の層に食料と便宜を提供している。上の層にいくほど、そこに所属する種の個体数は減っていく。逆に言うなら、肉食動物一頭ごとに何百頭という餌食となる動物がおり、その餌食一頭ごとに何千頭という別の餌食がおり、そのまた餌食となる昆虫が何百万といて、その昆虫の食べる植物は無数に存在するというわけだ。つまり、生物相というメカニズムをピラミッドという形で表わしたのは、上から下にいくに従って個体数が増えていくというイメージを示したかったからである」。

人間はどこにいるだろうか。レオポルドは「人間は、肉食もすれば菜食もするクマ、アライグマ、リスなどと同じ中間の層に所属している」（以上三三四頁。以下引用は三五〇頁まで）ということだ。こうした食物連鎖は例えば「土壌―トウモロコシ―牛―農民」と展開する。だがそれは多系的な連関をなしていて、牛はトウモロコシのほかにも何百種もの植物を食べる。「人間をふくめてそれぞれの種は、多くの食物連鎖に連なる環の一つだ」。つまり土地ピラミッドは「無数の鎖が複雑に絡み合っていて、一見無秩序のように見えるが、全体としては安定を保っていることから、高度に組織だった構造である。……人間は、ピラミッドの高さと複雑さとを増やした何千もの要素のひとつである」。こうしてみると「土地は単なる土ではない。土、植物、動物という回路を巡るエネルギーの源泉である。食物連鎖はエネルギーを上方の層に送る生きた回路である。死と腐朽によってエネルギーはまた土に還る」。人間による肉食動物の乱獲、植物種の持ち込みは食物連鎖を変化させ、生物共同体を作り変える。

人間の産業による生態系の変化をレオポルドは次のようにまとめる。

「農業において、土を酷使しすぎたり、表土層の原生種を栽培種と極端に置き換えたりすると、エネルギーの回路を撹乱し、蓄積エネルギーを枯渇させてしまうことになりかねない……有機物を消耗しつくした土壌は新たに形成されるよりも早く流出する」。これが「侵食」ということだ。「水系も土壌と同じく、エネルギー回路の一部である。工業は水質汚染をしたり、河川を堰きとめたりして……動植物を締め出してしまう」。「輸送手段の発達は、さらにまた別の根本的な変化をもたらした。つまり、今では、ある地域で生育した動植物が別の地域で消費され、そこの土に還るということが起きている」などだ。

そこで「土地倫理」ということが人間生態系にとって問題になる。「土地倫理」とは、「土地の健康に対して個人個人に責任がある」ということだが、この場合「健康とは、土地が自己再生をする能力を備えていることである」と定義される。そして「自然保護とは、この能力を理解し保持しようとするわれわれ人間の努力のことである」というわけである。そのポイントは生態系を構成する種の管理・保存、例えば絶滅稀少種の保存、「狩猟鳥獣を生産するために犠牲にする必要のある捕食鳥獣の数」の管理などである。さらに「『有機農法実践者』と称する現状不満派は、いささか教祖的雰囲気を帯びているが、とりわけ土壌中の動植物を重視している態度から見て、方向としては自然力中心の農業実践者と言える」ということである。

「経済優先主義者がこれまでわれわれの首ねっこにがんじがらめに縛りつけ、そして今こそ振り払わなくてはならない間違った考え方は、土地の利用法はすべて経済的な見地から決定すべきという信念である。これは決して真実ではない。……人間と土地との関係がすべてうまくいくかどうかは、時間、予測、熟練度、信念をどれだけ投資したかによって左右されるのであり、どれだけ資金を投じたかによって決まることではない」(同、三四九〜三五〇頁)のである。

このように人間生態系の中で人間は存在することができる。それは有機的生物共同体にほかならず、その中でしか、われわれ人間は生存することができないのである。こうした土地倫理などの問題意識こそが「人間の肉体的精神的生活が自然と連関している」「人間は自然の一部」というマルクスの指摘の具体的な内容をなすものになる以外ないと考える。

そこで廣松は、「人間生態系」概念の以上のような規定をふまえつつ、未来社会論におけるその立場性を論じている。

「社会主義・共産主義の計画経済」は、「市場経済の論理そのものの止揚に立脚するものであって、社会的経済運営に関して生態学的な価値評価基準を規矩《きく》とすることが可能である」といい、「現在においては、遺憾ながら、いわゆる『社会主義』諸国の経済運営は」そうではないが、しかし「(マルクス・エンゲルスは)共産主義の高次の段階においては市場経済的・労働価値説的なそれとはおよそ別異の価値規範・生活規範が貫徹するようになるものと予料していた」「それはおのずと人間生態学的な調和と統一の準備へと帰向する」。「共産主義的社会編制、そこにおける計画的経済の嚮導原理は、生態学的価値観と相即してしかるべきである」と解説している。

この場合、この文章が、ソ連・東欧圏崩壊と中国市場経済化の前段であった時代(一九八二年)に書かれていることを想起することが必要だ。

この文章では「計画経済」が、共産主義社会の原理のようになっているが、一九九〇年代初めにおいては、計画経済の破産ははっきりと事実となっている。

そこで廣松はマルクスを擁護するために、例えば一九九三年、『群像』(講談社)九三年一月号に「マルクスにおける自由・平等・友愛の行方」を掲載し、その中で、マルクスは、「国有化」や「中央計画経済」などは初めから言っていない、それとは、まったく異質な「協同的生産様式」というものをマルクスは志向したのだという改釈をやってみせたのであった。
このことについては、本論【補論】「国有化・計画経済の破産」を参照してほしい。
それはスターリン主義国家〈の〉国有化計画経済のみが、破産したわけではないということだ。逆だ。国有化・計画経済は、誰がやっても経済的非合理性と官僚制国家を発生させるということが、つまり、スターリン主義を生み出すことが、二〇世紀の社会主義国家の実験をつうじて分かったのである。

本章では廣松が未来社会は、生態学的な価値基準にもとづくべきだと主張したということで十分だろう。

だがその場合、エンゲルスの生産力主義の考え方は、ここで批判的に確認しておく方がいいだろう。近代生産力の発展を利用して社会を変革しようという考え方だ。それは一九世紀ヨーロッパの「唯物論的現実」において、論理展開されたもの、そういう歴史的被制約性をもつものだったと私は考える。かれらは、二〇世紀後半の環境破壊を予測すべくもなかったのである。近代工業生産力を土台として革命を考えることは〈できない〉とか、もっと別の生産システムが必要なのだとか、そういうことはマルクスの時代では予測しえない事態だった。

エンゲルスは『空想から科学への社会主義の発展』でつぎのように生産力の発展を機軸とした革命論を展開する。

「社会的生産と資本主義的取得とがあいいれないこと」が、無政府的な生産にもとづく恐慌によってますます明らかになる。それは「資本主義的生産様式は、それにはこれ以上これらの生産力を管理してゆく能力がないということの」証明である。「生産力そのものが」、生産力を「資本という性質から解放すること、それの社会的生産力としての性格を実際に承認することを、せまるようになる」。「生産力の国家的所有は衝突（生産力＝社会的な――と生産関係＝生産手段の私的所有との――引用者）の解決ではないが。しかし、そのなかには、解決の形式上の手段、手がかりが隠されている。この解決は、近代の生産力の社会的な本性を実際に承認すること、したがって、生産、取得、交換の様式を生産手段の社会的性格を一致させることのほかにはありえない。そして、そうするためには、社会以外のなにものの指揮の手にもおえないほどに成長した生産力を、社会が公然とあからさまに掌握するよりほかに途がない」。こうして「あらかじめきめられた計画にもとづく社会的生産が、このときから可能になる。生産の発展によって、いろいろな社会階級がこれ以上存続することは時代錯誤になる」（マルクス・エンゲルス全集第一九巻、二一〇～二二五頁）。

ここでのポイントは「近代的生産力の社会的な本性」に合致したものとしていわゆる「生産関係」を変える（社会的所有とする）ということである。

このように近代工業的生産力の発展ということに合わせた論理立てとなっていることに特徴がある。以上がいわゆる「マルクス主義」とエコロジズムとの関係で確認するべきことのポイントである。

こうした、生産力主義＝近代派マルクス主義と本論論者（渋谷）が呼んでいるものが、エコロジスト的価値に変革される必要がある。

廣松は、この「附論」の最後に、次のように言う。

「いわゆるエコロジストの思想と運動について言えば、現状では余りにも多様であり、一概に賛否を決しえないが、それが産業社会以前的な準位への退行を志向するものではなく、産業文明の成果を弁証法的に継承することを図りつつ、コミュニズムを志向するものであるかぎり、まずは共賛する」としている。

また「『生態学的価値基準』なるものの詳説については、別稿を期すことにしたい」としている。

廣松が言うように〈生産〉の内容とは本来、そういう人間と自然の協業を維持するもの、自然との共生において育まれるものでなければならないのである。放射能汚染をはじめとする環境破壊と戦争のない、エコロジカルな世界の実現へ、こうした生態学的価値といったものへの討究は、今後ますます、行われ、深化してゆく必要がある。

【補論】国有化・計画経済の破産（無理）について

ここでは「国有化・計画経済」（これは一口に「国家集産主義」と表現することもできる）の破産に関して廣松が論じている問題を見てゆくことにする。この「国有化・計画経済」は、生産力主義と相まって、いわゆる「マルクス・レーニン主義」の世界では、通常、当然、妥当性のある方向性としていたわけである。それが、ソ連・東欧圏崩壊をポイントとして、崩壊したのが現代である。この〈生産力主義・国家集産主義としてのレーニン主義〉からのテイク・オフ（離陸）が、「マルクス主義のパラダイム・チェンジ」の基軸中の基軸をなすと、本論論者（渋谷）は考えている。

●──マルクスの「国有化・中央計画経済」概念否定に関する廣松の説明

マルクスの「国有化・中央計画経済」の否定に関する廣松の改釈は、次のようなものだ。

「マルクスは私的所有制（私有財産制）の廃止、社会的所有制は主張しても、〝生産手段の国家所有制〟という表現を唯の一回もしていない。筆者の知る限り、エンゲルスも唯の一度、過渡的措置としての国有化を云々しているだけである。私有財産制の廃止に際して、一旦は国家が没収するのであるから、過渡的措置として国有化がおこなわれるには違いない。マルクスも当然そのことは承知している、貴族領を没収して国営農場を作るとか、国立の発券銀行を過渡的には創設するとか、このたぐいのことを彼は現に書いている。それにもかかわらず、マルクスは〝生産手段の国家所有制〟という表現を慎重に避けている、『国家の手への集中』という表現で（例えば『共産党宣言』など）実質的には過渡的措置としての国有化を述べているのであるから、これは単なる表現の問題と言えそうにも思える。だがしかし、彼が慎重な表現法を取った背景には彼の根本理念との関係があったものと忖度される。――マルクスは、また〝中央計画経済〟ということも言っていない。ランダムな生産を考えたはずはないから、彼が一定の計画的生産を予期していたことは疑えない。それにもかかわらず〝中央計画経済〟とは言わない。これまた表現の問題にすぎないように見えて、実は彼の基本的理念との関係があってのことと思われる。――マルクスとしては、〝国有・国営経済〟や〝中央計画経済〟とはおよそ異質の『協同的生産様式』（アソツィールテ・プロドゥクツィオンスワイゼ）を構想していたのであること、このことが銘記されねばならない」。

「さて、それでは、マルクスは……いかなる社会編制を志向し」たか。それの「経済学的基礎条件は『労働力商品化』の克服にあり、共同社会の原理は『固定化された分業制の廃止』と相即する人間関係にある」と廣松は論じる（「自由・平等・友愛のマルクスにおける行方」、廣松渉著作集第一四巻、岩波書店、四六九～四七〇頁）。

ここで廣松が言っているマルクスによる「国有化・計画経済」の否認までは、私も賛成する。だが、この廣松の「協同的生産様式」であるが、廣松はこれを「貨幣の廃止に象徴されるような商品経済の廃止（①――引用者）であり、労働力が商品として売買され、そのことを介して資本の蓄積や生産物の配分がおこなわれるようなシステムを新しい原理で再編成する（②――引用者）ことがポイントをなします」（「社会主義の根本理念――マルクスに学ぶべきもの」、廣松渉コレクション第二巻、情況出版、二二二〜二二三頁。初出は一九九二年二月、『経済研究』五号、大東文化大学経済研究所）など、経済学上、幾多の論争のある問題とは関係なく提起しており、私としては異論がある。

内容的には、引用者として記しておいた、①と②とは、同じことではなく、①は〈流通過程〉に属する事柄であり、②は、その社会において〈社会的普遍性をもった労働実態〉の内容を中心にした問題である。この①と②を、不可分一体のものと考えるのか、区別と連関の中でとらえるのかをめぐり、私（渋谷）と廣松との間には異同がある。私は①の商品経済そのものの廃止は無理だと考えている（②は無理ではない）。理由は後述する。

*なお、「国有化・計画経済」に対するオルタナティブとして、拙論（これは「商品経済」それ自体の廃止を表明する廣松の意見とは異なるもの）では、「労働者の生産自治（労働力商品化の廃絶）」と環境主義に統制された社会主義市場経済」を、また生産力主義に対するオルタナティブとしては「農耕共同体を基礎（流通へゲモニー、全社会の産業流通の調整の基礎）とした社会主義」ということを表明している。論文としては、『ロシア・マルクス主義と自由』（社会評論社）第二章「革命ロシアのアルケオロジー」、『世界資本主義と共同体』（社会評論社）第三章「グローバリゼーションと緑の地域主義」、第六章「ロシア農耕共同体と世界資本主義」、終章「『価値法則の廃絶（コミュニズム）』とエコロジズム」、『エコロジスト・ルージュ宣言』（社会評論社）第六章「ボリシェビキ革命の省察」、終章「エコロジスト・ルージュ（赤と緑）」を参照してほしい。また、これらのうち、

どれか一つということであれば「グローバリゼーションと緑の地域主義」だ。一番、核心的な〈論理〉をなす部分を論じているからである。

●——国有化・計画経済の破産（無理）とロシア・マルクス主義

「国有化・計画経済」の破産は、それは直接には、スターリン主義国家の破産だったが、その分析をすすめるうち、「計画経済」はソ連共産党のスターリニストのみではなく、誰がやっても、全くの市場（商業）を排除した計画経済は、「ラプラスの魔物」（後述する）が必要になり、結局は経済的非合理性を招いて、経済制度としては自立的再生産のシステムが作り出せない、またそのような計画経済の体制は官僚制国家（——スターリン主義国家）とならざるを得ないということがわかってきたのである。

これは、本論論者（渋谷）の立場とは違い、全面的国有化を「労働者国家」の前提と考えていたトロツキーでさえ、〈商業的計算が一切ない「計画経済」の無理〉については、第二次五か年計画の時点で、述べているところだ。

＊一九三二年一〇月「第二次五カ年計画の開始に際して危機に陥ったソビエト経済」、トロツキー選集・補巻3「ソビエト経済の諸問題」、現代思潮社、所収。拙著との関連では、『ロシア・マルクス主義と自由』第二章「革命ロシアのアルケオロジー——官僚制計画経済の破産」中の小見出し「トロツキー

の『ラプラスの魔物』としての官僚制計画経済批判とその限界」という文章参照)。

トロツキーの場合は、国有化計画経済における、経済的非合理性の発生と官僚主義的政治形成の作用を、市場とソビエト制度の民主主義で、改善してゆくということを考えたわけだが、それとは違い、本論著者は、国有化・計画経済の経済的非合理性の根源性は他の弥縫策を用いても払しょくできず、また、民主主義を根本的に破壊する骨格をもったシステムだと考えている所が、トロツキーとの違いということになるだろう。

そこでトロツキーは、「国家が管理する計画化、市場、ソヴィエト民主主義という三要素の調整のみが、過渡期の経済の正しい方向を保障できる」(前掲、トロツキー選集・補巻3、一三六頁)とのべているのである。

トロツキーは「第二次五ヵ年計画の開始に際して危機に陥ったソヴェト経済」の「計画経済の諸条件と諸方法」という節で、次の三つの制度を検討しなければならないという。

(i)「特殊な国営諸機関、すなわち中央と現場における諸計画委員会のヒエラルキー」。

(ii)「市場を規制する制度としての商業」。

(iii)「経済建設を目指して、大衆に生き生きとした刺激物をあたえる制度としてのソヴィエト民主主義」。この三つだ。

そこでトロツキーは「ソヴィエト民主主義と市場の統制から非常に容易に解放されている」官僚の計画は、「ラプラスの魔物」と同じだと批判したのだ。

「ラプラスの魔物」とは粒子間には決まった法則があるという原子論的な考え方にもとづくもので、それら粒子の運動はすべて確定しているはずだから、粒子の位置と速度を知るという能力を人間はもっていないけれども、仮にそういう能力のある魔物がいるとすれば、その魔物は将来のすべてをお見通しだということだ。天文学と数学を研究していたラプラスはそう考えたのである。こういう古典力学の決定論は、スターリン主義哲学におおきな影響をあたえているが、まさにこうした方法論・思考というものがかかる計画経済論にも入り込んでいるのである。

トロツキーは言っている。

「もしも、ラプラスが知者の空想によって描写した、普遍的な頭脳が存在するとしたならば、また、自然と社会の全過程を同時に記録し、それらの運動の力学を測定し、それらの諸結果を予測する頭脳が在るならば、そのような頭脳ならア・プリオーリ（先験的）に明確で何の誤謬もない計画経済を、飼料用土地面積に始まり、最後にチョッキのボタンの数の計算にいたるまで、作成することができるであろう。実際確かに、官僚層はそのような頭脳をもっているのは主として自分たちであるとしばしば思い込んでいる」（同、一三四〜一三五頁）。

しかしそのようなことは無理である。先の（ⅰ）〜（ⅲ）三つがベストミックスしなければ、計画経済はうまくゆかないと論じる。

「計画は市場を媒介として検証され、相当程度はそれで達成されるであろう。市場自身の調整はそこにたちあらわれる諸傾向を基礎としなければならない」（同、一三五頁）。「国家が管理する計画化・市場・ソヴィエト民主主義という三要素の調整のみが、過渡期の経済の正しい方向を保障できる」(同、一三六頁)。

そしてつぎのように展開する。

「ネップ(新経済政策)を導入する、すなわち市場を復興する(内戦の戦時共産主義では基本的に廃止されていた——引用者)必要性は、二五〇〇万の個人的農民経営が現存する時期に、その結果として課せられた。しかしながらそれは、集団化が第一段階において市場の一掃に到達したことを意味しない」。集団化経営には「商業的計算」が必要であり、それによって各コルホーズ(集団農場)が共通に利害を共有できる範囲を設定する必要があることを論じている。そして「ネップの廃止ではなくして、その諸方法の継続的改訂」を表明しているのである。

「官僚たちは市場の方法を、強制権の方法を一層広汎に行使することでとって代えた」(同、一三七頁)。だが「ネップの行政的窒息の後は——経済計算・賃金などは意味を失った一連の言葉に変化した。経済計算は市場の諸関係なしには不可能である」(同)。

そこで予測される事態として以下の問題を論じている。

「危機は緩慢な成長にあるのではなく、経済の種々の部分の間の不一致にある。計画を構成する種々の要素の間のア・プリオーリな全ったき一致をもってしても、五〇パーセントへの成長係数の低下は、諸結果によって大困難をひき起こすであろう。二〇〇万足でなく一〇〇万足の木靴を生産することとは一つのことであり、木靴工場を半分だけ建設することとは別のことなのである。だが現実はわれわれの理念的見本よりはるかに複雑で矛盾に満ちている。不均衡は過去から継承されている。計画のデータは計算の誤り、並びに、不可避の欠陥をその中に含んでいる。計画の不履行は、別々に取られた各場合における特殊な原因の影響の下では、一律に実現されるわけではない。経済の平均五〇パーセントの成長は、A部分では計画が九〇パーセント実現されたが、Bでは一〇パーセントしか実現されなかった。ということを意味しうる。もしAがBに依存しているのなら、その時には後日の生産循環においては、A部分は劣ったほうの一〇パーセントの水準にひきもどされうるのである」（同、一四〇頁）。

まさにトロツキーが述べたようなことが常態化し、ついに、供給型指令経済＝物財バランスシステムは破産せざるをなかったのである。

この破産に対してスターリンは一九五二年、『ソ同盟における社会主義の経済的諸問題』（国民文庫）において「社会主義のもとでの価値法則」「社会主義のもとでの商品生産」ということをのべ、物財バランスシステムによる計画経済の破産を彌縫せんとしたのである。

しかしここでトロツキー説自身に対しても疑問を呈さねばならない。

トロツキーは「中央と現場の諸計画委員会のヒエラルキー（位階制）」として中央計画経済そのものは肯定している。また全面的な国有化という前提に立ちながらスターリン主義の政策的欠陥を指摘しているのである。だが、かかる「諸計画委員会のヒエラルキー」というもの、つまり中央管理機構の官僚主義的形成が本論でみてきたように「ソヴィエト民主主義」を破壊したのではないのか。その点、この中央計画経済のヒエラルキーはソヴィエトと生産・消費協同組合の全国的連合による中央調整経済にとって代えなければならないのではないか、というのが本論の立場である。またその土台である国有化においても、協同組合所有などの多角的形態が市場を媒介にむすびつくということがない、全面的国有化は、その機制として市場を排除する管理主義を結果したこと、またソビエト民主主義を排除した国家官僚の支配へと展開したことが、ソ連での実験結果である。つまり生産手段の全面的国有化（この場合、国家的所有化）は、生産手段・生産物の国家による集権的な管理と一体化し、意思決定はこの国家権力を支配する一部の官僚層に把握されることになったわけである。この点から全面的国有化と計画経済はその他の自由な諸要素を排除する結果、だれがやっても官僚主義にゆきつくということがいえる。まさにソ連邦の崩壊をみた、歴史的観測系にたつ、われわれとしては、かかるトロツキーの政策的提起をそういう観測系においてとらえ返す必要がありそうである。

つまり、ここで問題になっていることは、次のようなことである。

一言で言うならば「供給主導型経済」がもつ、根底的な問題点とは何かということだ。

ソ連のような「指令型統制経済」、「供給に応じた需要という考え方」は、官僚が人為的に決定した数値で運営された。市場経済でなら不足する生産物には市場の需要が喚起される。需要される商品の価格は上昇するので、資本家はその商品の生産をつうじた利潤の獲得を目的として労働力をその生産へと移転させる。これに対し過剰に生産されたものは価格の低落をもってその生産は縮小することになる。市場経済では需給関係をつうじて労働生産物は合理的に配分される。これに対応して社会的総労働量の種々の特殊生産部面に帰属する割り当て部分に対し、合理的な需要に応じた労働量の配分をなすのである。これに対して中央計画経済は官僚が恣意的に計算し決定した「物財バランス」システムで労働力と生産手段などの配分をおこなっていたのである。

それでは社会的総価値額から規定するものとしての、種々の労働力、生産手段の配分がなされないということになる。

この結果たとえばつぎのような事態が例外的にではないシステムの必然として展開したのである。

「一部門における成功が、その補助的な資源を供給しそこなったために相殺されてしまうということがしばしば起こった。たとえば化学肥料の供給が実際に急速に増加し、このことが、石灰散布と土地改良に対する支出の増大とあいまって、収穫平均の増大に対して実際に寄与した。ところが、多くの資料が示しているように、袋、運搬手段、倉庫の設備、肥料を施す機械が不足しており、供給された化学肥料のタイプもしばしばその地方の要求に合致していなかった。このような条件のもとで、化学肥料は鉄道の敷地に山積みになっており、その多くが無駄にされている」(ノーヴ『ソ連経済史』、岩波書店、四五〇頁)。

「タイプの違い」がおこっただけで、あるいは生産設備が対応できないということによって、これらの製品が〈野ざらしにされる〉ということは市場経済の原則からは一般的には考えられないことだ。いやそもそも、生産条件が前提されておらず、需要のなされていないものが、供給されていたということである。まさに官僚部局(各産業種に細分化された経済人民委員部)の恣意的な経済計算に依存するだけの「みずからの複雑さにますます圧倒されている」(ノーヴ)中央計画経済は、生産物の系統的な交換と柔軟な生産財配分をおこないえないまでに、その隘路にたちいたっていったのである。

どのような社会においても、経済原則を貫徹できない社会は崩壊する。社会は生産財生産部門と消費財生産部門との生産物交換をつうじてまた、社会的総労働量を必要に応じて比例的に配分し、それによる労働力の再生産（必要労働に対妥当する価値の分配）がおこなわれ、社会的総剰余価値（剰余労働に対妥当する価値）が分配されるという社会的再生産の仕組みをもって運営されている。それにより労働力の再生産のための需要量や社会的剰余価値の処理における需要量に対して供給量が生産されるのである。その需給関係における必要な資材と労働力の配分として社会的総労働量の配分が決定されるのである。ソ連の供給主導経済（供給のセントラルドグマ・一方通行）では、そもそもそういう経済原則の貫徹という形態をとりえない。資本主義社会はこの原則を資本家的商品経済（価値法則）という特殊歴史的形態によって貫徹するのである。社会主義もまた、この経済原則を成立させていないとシステム自体が成立しないことになるのである。

第六章●――「第三次世界戦争」の時代と「協同のネットワーク」について

●――ATTACフランスの声明

二〇一五年一一月一三日（日本時間一四日）、フランスのパリと、その郊外のサン＝ドニにおいて、ISの戦闘メンバーとみられる複数のイスラム過激派によって、銃撃と爆弾による攻撃が、三か所においてほぼ同時に発生した。死者は一三〇名、負傷者は数百名にのぼる。サッカー競技場、飲食店、劇場などが、戦場となった。

この事件をうけてフランス政府は全国に非常事態宣言を発令し、国境を封鎖、市民の不要な外出を控えるようにアピールした。

社会運動体「ATTACフランス」は、パリのこの「戦争」に対して声明を発表した。そこでは「この『戦争』を終わらせるために、私たちの社会は陶酔から、力、武器、石油、レアメタル、ウラン等の陶酔から醒めなければならない」と記されている。それは「近代世界」が〈戦争世界〉としてありつづけてきた一切の出来事を集約している。

「パリでの虐殺を受けて：激しい不安、激高、行動」

ATTACフランス、二〇一五年一一月一四日

パリでの虐殺の翌日、ATTACの会員および共鳴者たちは、フランス社会と共鳴し、殺人的な憎悪に対して、激しい不安と激高を覚える。ATTACは、犠牲者と彼らに近しい人々に対して、心の底から連帯を表明する。金曜夜に殺害された人々は、親睦、市民的交流、芸術、自由な生活への権利を行使していたにすぎなかった。しかし、殺人者たちは、極端な宗教観によって、それらすべてを根絶しようとしたのであった。

動揺と悲しみにもかかわらず、私たちは恐怖に屈することを拒否する。私たちは、恐怖の、烙印の、スケープゴート捜しの社会を拒否する。私たちは、自由に働き、楽しみ、集まり、戦い続ける決意を主張する。

「フランスは戦争状態にある」と語られている。しかし、それは私たちの戦争ではない。アメリカがイラクとアフガニスタンで引き起こした惨事に引き続き、フランスがおこなっているイラク、リビア、シリア、マリ、ニジェール、中央アフリカ共和国での介入は、これらの地域に不安定をもたらし、難民（migrants）を発生させている。その人々はヨーロッパという要塞

に打ち当たり、その遺体が私たちの浜辺に打ち上げられているのだ。不平等と略奪が幾多の社会を引き裂き、社会どうしを互いに対立させている。

アルカイダやＩＳが、その非人間的な力のすべてを引き出しているのは、これらの不公正からにほかならない。前述の「戦争」は、いかなる平和ももたらすことはないだろう。というのも、公正なくして平和はありえないからだ。この「戦争」を終わらせるために、私たちの社会は陶酔から、力、武器、石油、レアメタル、ウラン等の陶酔から醒めなければならない。

あらゆる絶望と常軌を逸した行動を培う土壌のかなたにまだ残っているのは、「悪の凡庸さ」である。すなわち、人類は野蛮の回帰や支配からけっして守られていないという事実である。そしてそれは、一部の者たちが、他者に対する、人間としての人間への尊敬を棄てたときに起きる。

私たちの射程にある事柄についていうなら、いかなる形の帝国主義――たとえそれが「人道的」と自称しようとも――とかつてないほど戦わなければならない。破壊をもたらす生産至上主義に立ちむかい、節度ある、自由で平等な社会を目指して戦わなければならない。

この腐敗しつつある世界に対して、南と北の民衆が共に掲げるオルタナティヴを目指してデモをし、戦う権利、その権利に対するいかなる制限も私たちは拒否する。一一月二九日から一二月一二日にかけて開催されるＣＯＰ21の機会に、私たちは、もう一つの世界は可能であり、その到来は緊急の要請であり、かつ必然であることを、市民の結集によって示すだろう。

まったく同感だ。まさにこれらの資源生産力によってもたらされる、過剰な生産力によるさまざまな欲望の産出と、その利潤の世界的富裕層への一方的な集積。こうした世界の変革無くしては世界に平和はおとずれない。

だがそれを、アメリカや欧州、ロシア、日本などの資本主義権力者たちは「テロリスト」なるものの〈「犯罪」のせい〉にしたてあげているのである。

だが、それが不正義であるのを、アメリカの権力者たちは何もわからずに言っているだけではない、一定の戦略的言語としてそれを自覚してもいると考えた方がいい。米陸軍の作戦教書では「作戦環境の変化」ということで、次のようにのべている（布施祐仁『経済的徴兵制』、集英社新書、二一八〜二一九頁）。

「グローバル化は、今後も世界的な反映をもたらし続けるが、同時に世界中にテロを広げるだろう。相互依存経済は巨大な富の獲得を可能にした。失敗のリスクが大多数の者に持たされている間に、この富の恩恵が少数の者の手に集約され続ける。この富の不平等な配分は、『持つ者』と『持たざる者』の関係を生み出し、しばしば紛争の種となる。（中略）専門家は、二〇一五年までに最大で二八億人が（その大多数は発展途上国の『持たざる』地域の人々だろう）貧困レベル以下の生活となっていると予測している。これらの人々は、過激派グループの勧誘に弱い。（中略）グローバル化はすでにいくつかの国を置き去りにしており、これからさらに多くの国が加速するテンポについてこれなくなるだろう。その結果、これらの国の住民は苦しみ、そのフラストレーションから急進的なイデオロギーを受け入れやすくなるだろう（米陸軍省「FM3-0 operations」二〇〇八年二月)」と。

まさに、ここで、布施が指摘するように「経済のグローバル化による世界的な格差・貧困の拡大こそがテロの根本的な原因となっており、それは今後ますます拡大していくだろうとのべているのである。アメリカは市場原理主義、新自由主義に基づいて経済のグローバル化を推し進めてきた張本人だ。ある意味、自らテロの原因を生み出してきたことを率直に認めているのである」ということだ。

そのテロを撲滅すると称して、アメリカ合衆国の権力者たちと有志連合は、アフガン、イラク、シリアなどで、戦争をつづけてきた。その直接の攻撃によって、何万、何十万人という民間人が虐殺されている。

もちろん、IS自体はファシストにすぎない。彼らには〈階級闘争〉の観点や思想はゼロであり、「カリフ制イスラム国建設」〈なるもの〉を目的としている。宗教宗派国家建設運動だ。——他教徒は奴隷その他にする、または虐殺するという排外主義思想である以上、ナチスの類だと類別する以外ない。

だがしかし、「テロリスト」が犯罪者なら、シリア空爆をはじめとして、中東に空爆の雨を降らせ、人権感覚ゼロの戦争を展開する、アメリカ帝国主義軍隊とその有志連合やロシア軍なども また、犯罪者である。今や、〈復讐の連鎖〉は、例えばシリアに解決不能ともいわれる戦争的混乱をつくりだしているのだ。「停戦」状態はみせかけにすぎない。以上のような形で、「第三次世界戦争」は開始されていると考えることが重要だ。

それにしても、この戦争は、過去の主権国家間の戦争（侵略戦争を含む）と違い、きわめて特異な戦争形態を取っている。

●――「非対称的戦争」

第一次世界戦争・第二次世界戦争は、敵・味方の攻防戦が、〈作戦線〉を判定しながら戦えた戦争だった。なぜならそれは、主権国家間の戦いであり、国境線と領土という明確な策源から、敵・味方は部隊を展開するという前提に成り立っていたからである。そこにおいては、軍の展開の仕方は、戦略論的には、会戦での領地争いであり、地図化できるものだった。

だが、対テロ戦争は、そうではない。アメリカ合衆国の場合は、国境線があり領土（策源）があり、世界中に基地（根拠地）があり、それを防衛しながら、アフガンやイラク、その他（策源・根拠地も含めた戦線）に出向き空爆と地上戦（作戦線）を展開している。だが、例えばISは、占領地は判定できるものの、その攻撃は、ゲリラ戦争の形態をとって展開している。パリなどで起こった「戦争」は、ゲリラ戦争（作戦線として）であり、それは、アメリカ合衆国・NATOの軍事力に対して著しい、「非対称性」を背負ったイスラム過激派が、まさに、非対称性故に仕掛けた戦争の形態に他ならない。例えばそこには、主権国家間の〈戦争―交渉―和睦―領土の固定化〉などという一連のプロセスはなく、米の有志連合の側も、イスラム過激派の側も、敵に対する「絶対戦争」〈敵の壊滅・殲滅〉を意志統一していると考えられる。

またこの戦争は、アメリカ・有志連合勢力が「対テロ戦争」〈テロリストとの戦争〉のスローガンを連発しながら、空爆で、テロリストとは無関係な子供を大量に含んだ、大衆・民衆を虐殺していることに対し、イスラム過激派の側も、無差別殺人戦闘を繰り広げてきた。そして「自爆テロ」として戦闘員も戦死するシステムだ。

その場合、ここでおさえるべき観点としては、無差別殺人ゲリラには、明確な軍事線上の線引きは無く、攻防の攻守の〈作戦線〉は明確に引きえないということだ。欧州での「テロ」は、戦争概念としてはゲリラ戦争であり、固定化された作戦線の判別などはあり得ない。例えば二〇一六年六月には、アメリカのフロリダ州で、ＩＳが「犯行声明」を出した事件〈攻撃した「イスラム国兵士」はその場で射殺された〉が発生し、ナイトクラブにいた人々など、五〇名が銃撃を受け殺害され、五四名以上の人々が負傷した。そういう戦闘は、予測できない。

基本的なことだが、「対テロ戦争」の場合、イスラム社会においてはアメリカ・有志連合が国外の侵略勢力で、過激派は、基本的に現地勢力である、すくなくとも、それらは、現地のイスラム共同体と無縁ではないという要素が重要だ。そうしたとき、この戦争が、容易に決着がつかない戦争だということがわかるだろう。

●――策源・根拠地および作戦線について

何がいいたいかというと、この戦争は、主権国家間の戦争のようには簡単に終わらないだろうということだ。アメリカ資本主義権力者たちがこの闘いに勝利しようとする場合、敵戦争勢力の作戦線だけでなく、策源と根拠地が消滅する必要があるが、それは、イスラム共同体の何らかの一般的な住民が暮らす生活圏社会（策源＝その国や戦争主体の人的資源をはじめとする戦争の資源を根底的に作り出している空間。そして策源のなか、或いは外――例えば欧州の都市など――に根拠地がある。根拠地は作戦線の変化に対応して変化する）を軍事的に消滅させることとつながっている。イスラム共同体社会（策源）というのは、単にある地域の一角に存在するのではなく、少なくともアジア全域に広がっている。それを破壊するという戦争戦略を、最悪の場合は、米・日などの国際帝国主義者たちはとってゆくと考えられる。

まさしくアメリカ合衆国と、集団的自衛権によって形成されていく日米安保軍の方向性には、そういうニュアンスがついてまわる。

米の権力者たちはものすごくひろがってゆく作戦線を維持するため、日本の権力者たちに集団的自衛権を設置させたのである。また、兵器・武器輸出を解禁させ、米軍産複合体との一体化をめざしている。米帝にとって日本全土は〈策源〉であり（なぜなら日米安保軍として自衛隊は形成展開してきた。自衛隊の策源は日本全土だ）、沖縄、岩国、横田、横須賀などは〈根拠地〉あるいは〈戦略拠点〉に相当する。そのなかでも沖縄は根拠地中の根拠地だ。米の帝国主義権力者たちはこの根拠地を、第二次世界戦争の最大の成果の一つとして意志統一してきた。彼らはまさに「銃剣とブルドーザー」で、沖縄の中で自分たちが基地にしたい土地をかこいこんだのであった。それに対する闘いが「島ぐるみ闘争」だった。

米国にとって日米安保体制は、世界戦争力の日本による肩代わりであり、軍事力の補完である。この場合、沖縄の海兵隊のうち、グアムに相当数が移駐する計画が進んでいるといわれるが、それは、中国のミサイルの性能が向上し、グアムにまで、米軍の沖縄が持っていた〈戦略拠点〉としての位置を南下させる必要があると言われていることは重要だ。〈作戦線〉の変化とはそういう事だ。それに対し、日本権力者たちは、さらなる「思いやり予算」の増額や、まさに辺野古、高江の新基地建設などで、海兵隊の沖縄離れを防ごうとしているわけである。与那国島、石垣島、宮古島など沖縄周辺の自衛隊基地化を強行、日米安保軍の新展開たる、「集団的自衛権」でのさらなる一体化をアピールしながら。

ここでおさえておくべきことは、以下である。

日米の「運命共同体」といった場合、米国の権力者たちとしては、すでに、日本はアメリカと対立＝帝国主義間対立はしない国家になったという確証は済んでいるということを意味する。その場合、日本の権力者たちが国内で、仮にファシズム国家だった「大日本帝国」の「憲法」を復活させたとしても、それは、以前のように、米に対立するものにはならない。だから、米国がアジア後進国の親米・反民主の反共軍事国家に対して国内政治体制の問題については干渉しない政策（むしろ、米ソ冷戦においては、当時の韓国、フィリピンなどの後進国軍事国家は、反共の突撃隊国家として米の権力者たちには価値的な意味があった）だったと同じように、干渉しないという政策だろう。

また、中国の「南シナ海」への海洋進出をみるならば、「東シナ海」における軍事的ストレスは、それ自体として想定されるだろう。だが、中国は、米日との経済的協商政策を重視しており、また朝鮮労働党国家には、日本と軍事的にことをかまえる程の国力はない。日本国家の支配層は、中国・朝鮮脅威論をあおりながら、アメリカの有志連合の戦争に参加し、戦時経済利潤をうみ出そうとしているのだ。

だから問題の中心は次だ。「非対称的戦争」では、主権国家間の「対称的戦争」よりも、作戦線は、絶えず変化する。だから、この戦争の様相は常に変わってゆく。それによって、帝国主義は莫大な戦費を支出する必要が生じる。米帝による日本の「集団的自衛権」（二〇一五年国会通過の「安保法制」）を設置してのこの戦争への参戦国化は、まさに、日米の帝国主義ブルジョアジーの国際的な同盟の盟約にかなったものである。この点で、日本は〈親米傭兵国家〉となったのである。

それはまた、彼ら帝国主義ブルジョアジーにとって、国家による「戦費支出」は、自分たちのつくった武器・弾薬・軍事施設（銃という概念の類だけではなく戦闘機や戦艦・軍港などの基地建設プロジェクト等々）が売れる・事業が生み出される、それにつながる資材が売れる、燃料が売れる、まさに事業の利益に直結するのである。だがそれは、単に商品が売れるということではない。それらのための〈資本設備投資〉、それ自体が全世界的に拡張・増大するということを意味しているということがポイントだ。

まさにだからこそ、結局この戦争を終わらせるのは、資本主義に反抗する世界の人民の〈反戦・

反資本主義＝世界革命〉によってでしかありえない。この〈世界革命〉が、単なる夢想家の願望であるとした場合は、この戦争は終わらない。

●――日米軍事同盟の変遷

ここで日米軍事同盟の変遷をおさえておこう。その性格は、大きく言って、次のような過程をたどっている。

一九五〇年代は、米軍による土地強奪・基地貸与協定としての日米安保が展開。五二年成立のサンフランシスコ講和条約により、沖縄は米軍政の下に入った。これにより、基地建設が飛躍的に進んだ。アメリカの「日本を反共の防波堤にする」という日本＝軍事拠点化政策が開始されていった。

一九六〇年代は、ベトナム侵略反革命戦争の前線基地化が、沖縄をはじめとして岩国や関東の米軍基地を中心に展開し、東京でも「王子野戦病院」などが問題化した。そうしたベトナム戦争を支援する体制として安保体制は展開した。

一九七〇年代はベトナム戦争での米帝国主義ブルジョアジーの敗戦を受けて、自衛隊の実戦部隊化にもとづく日米双務的新ガイドライン安保として「日米防衛協力の指針」にもとづく実務協議が深化してゆく。さらに一九八〇年代には、米ソ冷戦における核戦争の危機が深化し、米帝国主義ブルジョアジーによる欧州への核兵器配備が問題化した。また、ソ連のアフガニスタン侵略に対する米国と「イスラム・ゲリラ」の戦争行動、これをふまえた日米安保軍の対「共産圏」演習の強化、自衛隊の三軍（陸・海・空）統一指揮所建設、「不沈空母」なる中曽根康弘の言説に代表されるような日本の〈反共憲兵国家〉化が進行した。

一九九〇年代はソ連・東欧圏崩壊で幕を開けた。それは西側諸国のブルジョアジーによる新植民地主義と新自由主義の全面化をみちびく。また中国包囲網形成・朝鮮労働党の「いわゆる瀬戸際外交」（核弾頭開発挑発）と、それに対する米軍の朝鮮への軍事進攻を想定したアジア戦略などの新展開があげられる。

この時期、日本の支配層・権力者たちは、「周辺事態法」（九九年）を成立させ、日米安保の適用範囲を、「極東」から地球規模に拡大、「周辺」の意味について「地理的概念ではない」ことが強調された。さらに二〇〇三年、「武力攻撃事態法」という有事法制を成立させた。

二〇〇〇年代、一九九〇年代を通してアメリカ資本主義のイスラム世界に対する新植民地主義的、新自由主義的侵出に対して、「イスラム・ゲリラ」は、「イスラム過激派」へと、一八〇度転換する。合衆国における九・一一テロに対する米国の個別的自衛権の発動としてのアフガン戦争、イラク戦争をはじめとして、「有志連合」・多国籍部隊による「対テロ戦争」の展開と、これに対応した自衛隊のＰＫＯなどの海外展開とさらなる実戦化を、例えば二〇〇二年、「テロ対策特措法」という形で展開しはじめる。

二〇一〇年代日本政府の「集団的自衛権（同盟国との攻守同盟……同盟国に対する武力攻撃を自国に対する武力攻撃と規定し、同盟国防衛の戦争状態に入ることを意味する）行使容認」の閣議決定にはじまる「安保法制」の成立、それに見られる日本の〈親米傭兵国家化〉と、日米安保軍のさらなる緊密化という事態がおこっている。このことは、〈交戦権否認〉〈国際紛争解決手段としての武力による威嚇、武力の行使の放棄〉などを規定した憲法九条を破壊するものに他ならない。現政権（二〇一六年四月現在）をはじめとした改憲勢力は、今後、憲法改定にむけた様々な動きを企画している。

そしてこれが、日本の戦後七〇年だったのであり、「自由と民主主義の伝統」の日本国家の、これが、中心にあったできごとなのである。

●――「富裕層」の支配と「経済的徴兵制」

こうした、資本主義の戦争が拡大する中で、労働者農民は、搾取と収奪にさらされている。労働力の商品化と、それを極限にまですすめている新自由主義経済政策の問題である。そこでは社会保障費、社会福祉費の系統的な削減がおこなわれている。それは労働者と農民が社会主義に希望を見いださなくなったという、権力者のブルジョア階級的な判断によって、行われていることだ。米ソ対立時代を想起しよう。そこでは、これらの社会保障費の系統的な削減は、それ自体が、資本主義は労働者を搾取するだけだとして、社会主義革命の〈契機〉になると、誰よりもブルジョアジーたちによって観念された。だから、ブルジョアジーたちは、ソ連・東欧の社会主義圏よりも、資本主義の方が豊かで暮らしやすいとアピールするために、社会保障・社会福祉に気を配ったのだ。

だが、ソ連東欧圏崩壊と中国・市場経済化を経た今日、新自由主義による社会保障・社会福祉費の系統的削減と労働者の非正規雇用の拡大にみられる、労働者の、その時払いの酷使が常態化している。それは、端的に言って、一九一七年ロシア革命以前の世界に、資本主義国のブルジョアジーたちが労働者階級を押し戻しているということだ。

第一次世界戦争前には、「ベルエポック」と言われた時代があった。欧米における富裕層の繁栄の時代をいう。その時代における貧富格差のレベルに今日の先進資本主義国の貧富格差は近づいているという指摘がある。二〇一〇年代の現在の世界で最も裕福な一%、四五億人中四五〇〇万人が、世界の富の総額の五〇%を所有しているというトマ・ピケティ『21世紀の資本』の指摘を見ても明らかだ。これは、反貧困のNGO・オックスファムが発表した数値、二〇一四年、資産家の上位一%が、世界の富の四八%を所有し、一人当たりで二七〇万ドル（約三億二〇〇〇万円）に達するという、また、世界の上位八〇人が所有している富は、約二二三兆円（一・九兆ドル）で、下位五〇%の三五億人の所有する富と等しいという報告があることに合致している。

競争を煽る貧困は労働者階級を即自的には分断する。また、一般的な「貧困解消」は、貧困を造っている一%の富裕層の責任を免罪する。だから、「反貧困」はもちろんいいが、それ以上に「反富裕」という必要があり、そうでなければ、社会的正義にもとづいた平等な社会を実現してゆくことは、根底的に、無理だ。

「反貧困」は、経済矛盾を対象にメスをいれたものだが、「反富裕」は、国家の支配層の成り立ちそのものにまでメスを入れることになる。なぜなら、ここでは具体的な実名は出さないが、日本の支配層（富裕層）の中では、例えば政治家と経済人、皇族・天皇の家系も含めながら、ものすごく大きな、そして複雑な、〈血縁のファミリー〉を作り上げ、支配階級の共同体を形成してきたことがあげられるからだ（平井玄『ミッキーマウスのプロレタリア宣言』二〇〇五年、太田出版、を参照せよ）。その意味で、その否定は、政治的な、さらにこういってよければ、政治革命的なものとなるだろう。「経済的徴兵制」は、そのような富裕層の一八〇度、他方に存在する貧困層が、富裕層の戦争的・軍事的権益のために、戦争によって、犠牲となるという構図を想定させることができるものだ。

ここでは一つだけ例をあげてみよう。

「『インターンシップ・プログラム』というと聞こえはいいが、その企業に就職した人は業務命令として自衛隊に派遣され、二年間その業務に当たらなければならない。そのため、『形を変えた徴兵制ではないか』という声も上がっている。

実際、すでに多くの企業が新入社員の研修に自衛隊の『隊内生活体験プログラム』を採用している現状がある。これを拡大して、任期制隊員の確保につなげようという腹積もりなのだろう」（布施祐仁、『経済的徴兵制』、集英社新書、二一九頁）。

いわゆる「専守防衛」の時代は、自衛隊が、貧困層の社会的セーフティネットの役割を果たし、自衛隊に入隊していろいろな「技術」習得の場としてつかわれ、また、そのように、宣伝・勧誘されていた側面が非常におおきかった。しかし、「専守防衛」の自衛隊は、集団的自衛権の行使容認で、「海外派兵→戦死」というリスクにさらされることになった。防衛大学校を出ても、民間企業に就職する人は増加の傾向（二〇一六年現在）にある。だからこそ、『経済的徴兵制』の網は、ますます、巧妙に貧困層に働きかけてゆくだろう。

新自由主義の下では、非正規雇用、成果主義、罰金などの収奪にもとづいて、労働者が、労働力を再生産するに等しい賃金さえも、保障されないということが、現実に起こっていることだ。

●――「戦争反対」の論理――「協同のネットワーク」について

帝国主義国間戦争に兵士として動員されるのは、敵・味方に分かれた様々な国の労働者・農民＝労働者大衆だ。支配階級＝ブルジョアジーは、自国の労働者を動員して、殺し合わせる。それがブルジョア階級の戦争的利益になる。

侵略もおなじだ。帝国主義国のブルジョアジーが、他国に侵略戦争するとき、まさに労働者農民を侵略軍の兵士として、侵略戦争を組織し、他国民を虐殺する。自分と同じ被支配階級の仲間たちを虐殺するのだ。だからこそ、そうした侵略戦争に対する二〇世紀の民族解放戦争は「正義の戦争」と呼ばれたのである。

まさに、「万国の労働力、殺しあえ」というのが帝国主義ブルジョアジーの戦争の論理だ。

だから反戦の根底には「万国の労働者、団結せよ」が、なければならない。決して、「国家間の平和外交を、平和協定・条約の締結を」とかが（それは戦争よりも、ずっと良いことであり、改良主義的には言ってゆかねばならないことでさえあるだろう、だがしかし、）中心的な思想であってはならない。それは、労働者階級人民を、永遠に資本主義の搾取と抑圧のもとに束縛しておくための思想だ。

このことは資本主義国だけでなく、「スターリン主義国家」――社会主義官僚制国家にも適用すべきである。この場合、党・国家官僚層が、国家の利益のために、労働者・農民を戦争に動員するということに反対するということになる。

「万国の労働者、団結せよ！」ということが、結局は、資本と国家に物象化された世界を革命する中心的な事項となるのである。それこそが、平和の実現であるだろう。

廣松渉は言う。

「今や友愛的な協同の原理で編制された単位的協同体どうしが協同のネットワークを形成する。このネットワークについて、残念ながらマルクスは詳細な見取図は描いていない。とはいえ、共産主義社会というのは、世界革命を俟って世界的規模でしかそもそも確立不可能であることに鑑みるまでもなく、民族国家の死滅した地平において形成される協同の編制は、インターナショナルというよりグローバルと言うべきであろう」（「自由・平等・友愛のマルクスにおける行方」、廣松渉著作集第一四巻、岩波書店、四七二〜四七三頁）と。

この〈協同〉のネットワークが世界の〈平和〉の前提にあるものだ。

あとがき

来年二〇一七年は、ロシア革命百周年だ。ロシアでは、第一次世界戦争を背景として、資本主義・帝国主義国家とプロレタリアート人民の革命の激しい闘いが、勃発した。ロシア革命から百年、資本主義はものすごい形態変化をとげた。レーニンが『帝国主義論』で定式化した、単純帝国主義国家間対立を中心的な構図とした古典的帝国主義時代から、現代はグローバリズムといわれるものへと、展開している。資本主義国家は国家として「帝国主義国」といっていい——それは、どの国も「戦争国家化」を深めている——が、経済構造は、「帝国主義」段階とは言えないものに、転換し、「現状分析」が、そこでは、新自由主義というキーワードを軸として世界資本主義市場と各国資本主義、そして多国籍企業との関係の問題を中心として分析されるべき時代となっている。

こうした資本主義の変遷に対して、ロシア革命の系譜をひく、その「革命」の方は、形態転換を時代の要請に則してとげているといえるだろうか。わたしが所属した「ブント」（別称「日向派」、旧名「戦旗・共産主義者同盟」）は、一九九七年、緑派（環境派）に転換し（私は賛成）、さらに二〇〇三年以降、リチャード・ローティ、アンソニー・ギデンズの社会民主主義派へと転向した（私は反対し、論争の後、離党）。だが、それは、結局、レーニン主義セクトが、資本主義国家の中の、リベラルな中間団体に転向（日向派は党派としては、二〇〇八年解党）してゆくという、どこにでもあるような、お話に、今日から振り返って考えれば、すぎなかったのである。そこで、ラディカルな思想の〈編みかえ〉の〈何かが、おこった〉ということではまったくない。

だがしかし、ラディカルな思想の、〈編みかえ〉ということでないと、承知できないのが、わたしの性分なのである。

だから、私の頭の中ではブント日向派の「左翼思想のパラダイム・チェンジ」は、継続している。その「パラダイム・チェンジ」の思想的創始をなす思想が、まさに、廣松哲学に他ならなかった。だから、廣松から出発するのだ。

しかし、その哲学は、本書を読まれた方なら、ご確認（賛成、反対、疑義、不明、難解、等々はともかく）されているように、マルクスの一般的な解釈とは、かなり違うものだ。対立しているというニュアンスより、別の世界の話にすらなっている感がある。

しかし、それでいいと私は考える。もう、一般的な解釈にこだわっている必要など、さらさらない。この廣松の定義から、出発するのだ、と。あくまでも、それは、革命思想の最終回答ではなく、出発点である。そういうものとして、本書は存在する。

本書の刊行にあたって、その機会とアドバイスをいただいた、社会評論社の新孝一氏、松田健二社長に、心よりのお礼を申し上げます。本書への理論的なご意見には時間の許すかぎりお答えすることをのべ、あとがきとすることにしたい。

二〇一六年八月

渋谷要（しぶや・かなめ）

1955年京都生まれ。

「市民社会的には」出版人・言論人である。社会思想史研究。「文部省大学入学資格検定試験」（大検）合格。中央大学中退。1980年代前半から、理系・文系を問わず、多くの出版社の企画・編集、著述活動に携わってきた。

「活動家としては」中大では黒ヘルメットのノンセクト・ラジカル。また1990～2005年まで、経済学者・宇野弘蔵を始祖とする「マルクス経済学」（宇野経済学）と廣松哲学に依拠した理論活動を展開していた新左翼セクト・「ブント」（ブント日向派＝旧名「戦旗・共産主義者同盟」。2008年解党）で活動。その内では「中央常任」として「編集局」での部局活動に携わる。当時のブント日向派が展開していた「左翼思想のパラダイム・チェンジ」＝「レーニン主義からのテイク・オフ（離陸）」を推進するイデオロギー的＝組織的闘いを展開した。2005年「離党」。

季刊『クライシス』（1980年代）、季刊『理論戦線』『理戦』（1990～2000年代）に多数の論文を発表した。

現在は、無党派独立ノンセクト。

「環境派マルクス主義者」を標榜し、「反帝国主義！／近代派マルクス主義の克服を！」をメインの主張としているが、「反帝」の「帝」には「社会民主主義（広義）」が含有され、「近代派マルクス主義」には、党派官僚独裁のみならず開発独裁であったロシア・スターリン主義の他に、レーニン自身が形成した「ボリシェビキ官僚主義」（この名称規定は渋谷自身による）などの近代主義・生産力主義・党派独裁や、さらに他方のメンシェビキの近代民主主義などが含有されているということが主張としてある。

哲学は廣松哲学、経済学は宇野経済学に学ぶ。


〈著書〉に『エコロジスト・ルージュ宣言――続・世界資本主義と共同体』（2015年）、『世界資本主義と共同体――原子力事故と緑の地域主義』（2014年）、『アウトノミーのマルクス主義へ』（2008年）、『ロシア・マルクス主義と自由』（2007年）、『国家とマルチチュード――廣松哲学と主権の現象学』（2006年）、（以上、社会評論社）。『前衛の蹉跌』（実践社、2000年）。『ブントの新改憲論』（大崎洋筆名、1993年）。

〈共著〉に『近代の超克』（石塚正英、工藤豊編、理想社、2009年）など多数。

廣松哲学ノート　「共同主観性」の哲学と人間生態系の思想

2016年10月21日　初版第1刷発行

著　者＊渋谷要
装　幀＊後藤トシノブ
発行人＊松田健二
発行所＊株式会社社会評論社
東京都文京区本郷2-3-10
tel.03-3814-3861/fax.03-3818-2808
http://www.shahyo.com/
印刷・製本＊倉敷印刷株式会社

Printed in Japan